LORENZA DE PAOLI

BELLESSERE FEMMINILE

Come Vivere Il Benessere e Raggiungere Il Bellessere Attraverso Il Linguaggio Segreto Dell'Universo Femminile

Titolo

"BELLESSERE FEMMINILE"

Autore

Lorenza De Paoli

Editore

Bruno Editore

Sito internet

http://www.brunoeditore.it

Sommario

Introduzione

È con un racconto della mia mamma che desidero iniziare questo libro. "Lorenza, ti ricordi la seconda elementare? Il pomeriggio in cui venne a casa la tua maestra?". No, in realtà non lo ricordo, ma il suo racconto, ripetuto negli anni, lo rende così vivo e vicino a me.

Mamma, ogni volta, riprende quel foglio di quaderno a righe, e con la voce, sempre rotta da un velo di orgoglio e da tanta emozione, mi legge: "Io da grande sarò un dottore per i bambini".

Continua il suo racconto dicendomi che era stato il mio primo pensierino (così allora lo chiamavano le insegnanti). La maestra ci aveva chiesto di scrivere cosa avremmo fatto da grandi.

Ed eccomi qua, a condividere con voi i miei trent'anni di professione. Sono davvero diventata "il dottore dei bambini". Li seguo dal loro concepimento, ascolto il loro cuoricino battere alla settima settimana di vita, li vedo crescere nell'utero delle loro mamme e li vedo nascere: sono un ginecologo.

Mi sono iscritta alla Facoltà di Medicina e Chirurgia all'Università degli Studi di Bologna e dal quarto anno ho iniziato a frequentare il reparto di Fisiopatologia della Riproduzione ed Endocrinologia ginecologica diretto dal professor Carlo Flamigni. Mi sono specializzata dopo la laurea in Ginecologia e Ostetricia.

Il professor Flamigni è stato il mio primo grande maestro: a lui devo l'amore che ho per il mio lavoro. Ho trascorso sette bellissimi anni in questo reparto occupandomi di endocrinologia ginecologica, di ginecologia, di ostetricia e di fecondazioni assistite.

La magia di assistere al concepimento in vitro, il vedere le cellule unirsi nel dare inizio alla vita mi hanno regalato emozioni indimenticabili. Ho avviato nel contempo la mia libera professione e da allora con piacere e gratificazioni la continuo.

In questi anni ho progressivamente sentito la necessità e il piacere di ampliare le mie conoscenze nell'ambito dell'ecografia, della colposcopia e dell'endocrinologia e parimenti ho sentito il bisogno di integrare la mia formazione professionale con un modello e un approccio diagnostico e terapeutico volti alla fisiologia e alla visione dell'essere umano, della persona nel suo insieme.

Ho desiderato occuparmi delle pazienti e non dei loro sintomi. Ho frequentato la Scuola di Medicina funzionale e di regolazione trovando in essa una visione della salute intesa come "equilibrio biologico dinamico". Ho continuato il mio percorso frequentando la scuola di Medicina sistemica apprendendo che l'essere umano è un "insieme di cellule tra loro funzionalmente interconnesse".

Dalla Medicina sistemica ho compreso che la salute significa "stabilità dinamica attraverso il cambiamento". Mi sono appassionata alla neuralterapia e mi sono dedicata in qualità di docente alla neuralterapia ginecologica.

Ho appena concluso un interessante master in riequilibrio Pnei al quale ho portato il mio contributo anche in veste di docente. In tutto questo ho sempre cercato di seguire al meglio le mie pazienti.

In questi trent'anni ho visto le mie bimbe crescere: sono diventate donne, mamme, nonne. Quanti racconti, quante condivisioni, quante confessioni. Sì, anche confessioni.

Il ginecologo è il medico a cui racconti tanto, tutto. Il primo ragazzino, il primo rapporto, il momento in cui hai sentito il desiderio di diventare mamma, il giorno in cui ti sei innamorata, sposata.

Quante belle storie, quante strette di mano, quanti abbracci, quante volte ho detto col cuore: "ti auguro tanta felicità". Ma tante altre storie mi sono state raccontate, alcune solo bisbigliate, tantissime verbalizzate attraverso il linguaggio dell'apparato genitale.

La paura del primo rapporto, il dolore del primo rapporto, il dolore di tutti i rapporti. I doveri legati al rapporto. Le violenze emotive o fisiche, reali o percepite, quel gesto non gradito, quella parola che ha disturbato.

Ma a voi, amiche care, che da sempre mi conoscete, e a voi che per la prima volta mi leggete, pongo una domanda: con quali labbra avete parlato al ginecologo? Attraverso quali labbra avete raccontato le vostre più o meno belle vite? Vi siete mai chieste perché Madre Natura ci abbia donato sei labbra? Due per la bocca e quattro per il genitale (grandi e piccole labbra).

Sì, proprio sei: due che ogni donna conosce benissimo, che vede ogni volta che si guarda allo specchio, che usa ogni volta che parla, che ride, che mangia. Quattro che quasi ignora, che guarda pochissimo, e delle quali non conosce il linguaggio.

Eppure, se anche queste sono state chiamate labbra, hanno la stessa funzione di quelle della bocca: anche loro "sanno parlare".

E se le labbra della nostra bocca si aprono e si chiudono ogni qualvolta abbiamo qualcosa da dire, da raccontare, ogni qualvolta parliamo, allora una domanda mi sono posta: quante parole, quanti racconti, quante storie hanno da raccontare le labbra del nostro apparato genitale?

Quattro la natura ne ha donato a questa parte del nostro corpo proprio perché tanto, tanto e tanto ancora hanno da raccontare; ma quante sono le donne che le sanno ascoltare e comprendere?

È stato un caro collega colui che, non solo per il suo nome, ha portato luce nella mia vita, che mi ha illuminata. Lui che si occupa di odontoiatria ha messo in luce la similitudine tra le due bocche, entrambe "bocche della verità".

Delle labbra della bocca ogni donna si cura. Burro di cacao, lucidalabbra, rossetto, matita per accentuarne i contorni, collagene per rinvigorirle e acido ialuronico per tonificarle.

Delle labbra del genitale quante donne realmente si occupano? Sono forse queste ultime meno meritevoli di dover essere accudite? Hanno forse una funzione meno preziosa?

Dunque, eccomi qui, pronta a raccontarvi il modo in cui prendervi cura di queste labbra. Nelle prossime pagine desidero accompagnarvi nell'ascolto e nell'interpretazione di questo linguaggio, affinché possiate comprendere il vostro Universo femminile.

Accudire, nutrire, elasticizzare, rivitalizzare, rimodellare, ritonificare e ringiovanire il vostro apparato genitale. Questo sarà il gradevole cammino attraverso il quale troverete nuova rinvigorita fede in voi stesse. Questo l'amorevole percorso che vi porterà ad aumentare la stima in voi stesse.

E con una nuova fiducia e una maggiore autostima, il rapporto con voi stesse e con gli altri sarà gratificante e prospero di serenità.

Iniziamo quindi la lettura di questo libro che voglio dedicare a tutte le donne: dalle bambine alle nonne, dalle figlie alle compagne e alle mogli; alle donne di tutte le età che vogliono conoscersi, sentirsi "belle al femminile".

Queste pagine sono rivolte a tutte coloro che desiderano avere successo e creare belle relazioni con loro stesse e con gli altri, che hanno voglia di apprezzarsi e piacersi.

Scrivo questo libro affinché ognuna di loro possa apprezzare la meraviglia di appartenere all'universo femminile. Lo dedico a tutti gli uomini, figli, compagni mariti, affinché possano condividere questo cammino, perché loro stessi sappiano ascoltare e comprendere il linguaggio dell'universo femminile.

Imparerete, attraverso le esperienze e "le storie di vita" di alcune pazienti, il linguaggio del vostro apparato genitale. Troverete esercizi e percorsi personalizzati volti a valorizzare "la vostra bellezza di donne".

Il corpo con l'apparato genitale è la casa che abitiamo, e ci aiuta a esprimere ciò che siamo, cosa proviamo. È attraverso il corpo, in ogni sua parte, che viviamo le nostre emozioni.

Quante volte è stato detto che il benessere viene dall'interno, che non vi è bellezza esteriore senza quella interiore, che la giovinezza non è eterna. Ebbene, esiste la possibilità di ringiovanire una parte esteriore di noi esaltando quella interiore.

Sentirsi belle, armoniose, desiderabili, aumenta l'autostima e la fiducia in noi stesse.

Avere fiducia in noi stesse cambia la modalità di porsi al mondo ci permette di relazionarci meglio con gli altri e di esprimerci in maniera chiara e determinata, sicure e fiere del nostro valore.

"La funzione determina la forma, la forma esprime la funzione": anche questo avrete più volte letto o sentito. La bocca con le sue due labbra poste in orizzontale che sanno parlare, mangiare, baciare. La vulva con le sue quattro labbra poste in verticale: semplicemente una diversa capacità di comunicare.

E ben sapete che la maggior parte della comunicazione è data dal non verbale: il tono della voce, la mimica del volto, l'ammiccamento della palpebra. Mentre balliamo, non comunichiamo forse con un "un altro linguaggio? E quando abbiamo rapporti intimi pensiamo di non comunicare? Pensiamo che questa comunicazione sia meno importante?

Vi attendo quindi alla fine di questo libro grazie al quale avrete l'opportunità di conoscervi, di riappropriarvi del vostro mondo interiore. Dove troverete indicazioni per mantenere giovane questa preziosa parte del vostro corpo, dove scoprirete la strada per accrescere la fiducia in voi stesse e la vostra autostima.

Come? Iniziando con la conoscenza di come siamo fatte e di come cambiamo nel tempo, passando attraverso una giusta alimentazione e igiene intima.

Arriveremo a parlare della concreta possibilità di mantenere tonico l'apparato genitale con specifici esercizi e con prodotti giusti, e finiremo con percorsi personalizzati di ringiovanimento, rimodellamento e rivitalizzazione.

Scritto questo, non mi resta che augurarvi una piacevole lettura.

Capitolo 1:
Cosa vuol dire davvero essere donna

Quando penso a cosa significhi essere donna, mille immagini si rincorrono nella mia mente. Vedo le bimbe appena nate, con la pelle in parte coperta dalla vernice caseosa, le vedo nell'acqua del loro primo bagnetto nella nursery della sala parto, le vedo con i loro primi vestitini, profumate e pronte per il seno materno.

Vedo mia madre arrivata alla splendida età di 84 anni, oggi tenera e affettuosa, che desidera essere accudita, coccolata, rincuorata, nutrita del mio affetto così come una bimba appena nata. Mia madre così austera, determinata, severa durante la mia adolescenza, mia madre così presente durante i miei studi.

Lei che mi ascoltava mentre a voce alta preparavo gli esami. La vedo accanto a mio padre poco affettuosa, indaffarata a prendersi cura più della famiglia prima che di se stessa. Vedo le mie pazienti, quelle fedeli che da trent'anni continuano a venire ai controlli e le vedo attraverso gli occhi dei loro racconti.

Di ognuna di loro vedo il cammino, la strada che hanno intrapreso, il percorso che stanno facendo, allora comprendo che essere donna sia un cammino. Si nasce femminucce, si diventa ragazzine, si è figlie, poi a un tratto si è anche donne.

Donne si diventa attraverso le esperienze vissute, attraverso "la scuola della vita". Essere donna significa essere "musa" ispiratrice. Quante canzoni, quanti film, quanti libri, quante poesie abbiamo ispirato. Di noi si è parlato nei secoli. Dai filosofi greci Socrate, Aristotele ed Esiodo, passando attraverso Nietzsche per arrivare al Novecento e al ventesimo secolo.

Ognuno di loro con la propria immagine di donna: Socrate che ne offre una visione positiva, Aristotele ed Esiodo che svalutano la figura femminile e Nietzsche che per primo pone l'indicazione riguardo l'opportunità di distinguere tra il femminile e la donna che non solo non coincidono, ma che spesso vengono contrapposti.

Ma colui che della donna, a mio avviso, dà la più ampia, chiara, precisa visione è Paracelso (1493-1541) ed è a lui che mi affido nel piacere di condividere "l'essere donna". E mi stupisco se penso che nel 1500 avesse una visione così precisa, moderna, integrata e lungimirante.

Cosa poteva sapere Paracelso degli ormoni, della chimica del corpo femminile, dell'ipotalamo dove energia e materia costituiscono un unico mondo, dove avviene quello che Freud chiama "il misterioso salto dalla mente al corpo"?

Conosceva forse gli ormoni? Quelle molecole misteriose che vengono secrete dall'ipofisi, e che qualche istante prima erano correnti energetiche, onde del mare del femminile. Il femminile, scrive Paracelso, lo devi abbracciare con uno sguardo d'insieme e, continua, puoi comprendere il mondo femminile solo comprendendo l'archetipo della Matrice.

"La luna in cielo e la donna in terra ripetono l'eterna danza trasmutativa del cosmo", appartengono alla stessa legge, agli stessi codici, alla stessa sostanza.

La matrice è l'universo femminile con la sua capacità di creare, di dare forma e di mettere alla luce. La matrice sa cose innate che solo lei possiede, sa cose delle donne che nessun pensiero razionale può esplorare.

La donna è matrice, è energia creativa, è parte fondamentale del mondo delle cose naturali (microcosmo) , è Terra entro cui si impianta e cresce il seme della vita; è Nutrimento per il seme che accoglie, è Acqua che lo bagna, è Fuoco che lo scalda, è Luce che lo accompagna.

La donna è la matrice della vita con il suo apparato genitale, ricettacolo del mondo e di tutte le creature viventi. La donna dona la vita, contiene e protegge, nutre trasforma e infine genera. La donna è come il mare per il pesce, è natura, la natura è femmina, il mondo è donna. Magnifica questa visione, dove l'immagine della donna non è mai separata dalle sue funzioni!

"La donna è un fiore che cresce seguendo i ritmi di madre natura: come un fiore sboccia bambina, fiorisce adolescente, profuma da adulta, ma appassisce e sfiorisce se non nutrita e accudita. In ogni donna è nascosto un fiore, così come in ogni cosa è celata la luna; la donna è terra che sa accogliere, nutrire, coltivare e generare un raccolto sotto la luce soffusa dei cicli lunari."

Ed è proprio rileggendo queste parole scritte nel 1500, che tante e tante volte in questi trent'anni di lavoro ho consigliato alle pazienti che faticavano nel rimanere incinta di vivere seguendo i ritmi della natura, dedicandosi ai fiori del loro giardino o del loro terrazzo, di coltivare piante nell'orto, di passeggiare, di sedere sull'erba, di bagnarsi i piedi nell'acqua dei ruscelli.

Quanti bimbi sono stati concepiti durante una vacanza al mare o in montagna quando la donna più in armonia con madre natura risveglia la sua capacità creatrice!

"Essere donna": in questa espressione si riassumono molteplici aspetti dell'universo femminile e l'universo donna è un tesoro che ognuna di noi deve scoprire. È la consapevolezza che domani non sarà uguale a oggi, che dovremo camminare e camminare ancora.

"Cara donna, ti auguro di credere sempre nel tuo sogno, ti auguro di non tradire mai te stessa, perché lontana dalla tua verità l'esistenza perde di senso; ti auguro di non dimenticare mai gli altri perché ognuno do loro è un pezzetto di te; ti auguro di continuare a ridere, ballare, perché la vita è gioia.

Ti auguro di lasciare spazio nel tuo cuore per il perdono e di mantenere sempre la porta aperta alla passione; ti auguro di portare sempre con te il rispetto, perché senza di esso è facile calpestare il vicino; ti auguro di amare gli altri ma non dimenticarti che tu, prima di tutto, meriti amore, ti auguro di essere sempre te stessa". (Simona Oberhammer)

Care lettrici, questo è quanto desidero possiate trovare in questo libro: un percorso che vi guidi nel vivere al meglio il vostro universo femminile.

E quale miglior modo se non farlo iniziando a prendervi cura del vostro apparato genitale, di quella parte anatomica che unica e indifferibile ci rende diverse e complementari agli uomini?

È attraverso questa parte che sappiamo accogliere e generare manifestando la grandezza e la meraviglia che è stata riposta in noi. Impariamo quindi a conoscerlo, apprezzarlo, curarlo e accudirlo. Prendiamocene cura perché è il custode della nostra bellezza più vera: la capacità di creare, di dare alla luce nel senso più profondo, di illuminare: illuminare la nostra vita, illuminare il nostro sogno personale, illuminare il nostro cammino e il cammino di tutti coloro che desideriamo ci accompagnino.

E non scordiamo mai che generare e creare non si riferiscono solo alla capacità di concepire e partorire, ma includono e sottendono la capacità e il piacere di saper generare relazioni giuste e gratificanti con se stessi e con gli altri. Accudire un figlio altrui creando un rapporto di stima, di affetto, di crescita, è aprire la propria matrice al generare in senso lato, è il saper mettere a disposizione la propria energia creativa a favore del rapporto costruttivo.

Sentire il piacere di crescere una pianta, un fiore, un animale e farlo con passione è generare, è creare, è aprire il proprio universo femminile, perché la matrice dispone di un'energia e forza illimitate e non giudica la modalità verso cui viene veicolata.

E come scrive ancora Paracelso, l'anatomia della matrice è rappresentata dall'apparato genitale, graziosamente deposto e accolto nel corpo di ogni donna.

Per questo, lasciatevi guidare nel prendervi cura di questa parte di voi, prezioso scrigno della vostra più grande bellezza. Vi aiuteremo a curarlo quotidianamente, vi seguiremo con percorsi personalizzati, vi insegneremo a leggerne i messaggi e a decodificarne il linguaggio, perché ancora una volta lo sottolineo e ripeto, non è un caso che madre natura abbia deciso di mettere quattro labbra su questa parte del nostro corpo, e credetemi, queste quattro labbra hanno mille cose da raccontare.

Mi auguro che alla fine di questa lettura abbiate imparato ad ascoltare e a interpretare i messaggi più semplici di queste quattro labbra; noi vi accompagneremo nell'ascolto e nell'interpretazione del linguaggio apparentemente più difficile.

Vi daremo strumenti e trattamenti che vi aiuteranno a pulire le memorie, i ricordi, i vissuti che hanno lasciato un segno, improntato, inquinato il vostro genitale (ferite emozionali).

Ci occuperemo delle cicatrici fisiche (post parto e post interventi) e riarmonizzandole, riducendo le aderenze, rendendo più elastico il tessuto vi aiuteremo a ritrovare il tesoro che custodite nel vostro scrigno, ma questo sarà argomento dei prossimi capitoli e paragrafi dedicati alla ginecologia del benessere e del bellessere.

Benessere e bellessere al femminile.
Se è noto e riconosciuto il significato di benessere, altrettanto non si può dire per il termine bellessere. Cerchiamo di leggerne assieme il significato, di comprendere quanto facciano parte della nostra quotidianità, e quanto debbano essere perseguiti per vivere una vita lunga, felice e densa di significato.

Cerchiamo inoltre di capire cosa si possa fare per raggiungerli attraverso la cura del proprio apparato genitale e ancora tentiamo di comprendere come mantenerli.

Benessere. L'Organizzazione mondiale della sanità (Oms) ha recentemente ridefinito il concetto di salute come "uno stato di completo benessere fisico, spirituale e sociale", rendendo ormai obsoleta la vecchia idea di salute quale "assenza di sintomi patologici".

I parametri da prendere in considerazione per una corretta definizione di benessere includono quindi lo stato fisico ed emozionale.

Tesi ormai riconosciuta è quella dell'Unità funzionale corpo-mente secondo la quale il benessere fisico, mentale ed emozionale sono strettamente legati tra loro.

Quando ci lasciamo muovere dalle giuste emozioni e la nostra mente è rilassata e serena, il corpo ne trae beneficio. Al contrario, quando siamo stanchi fisicamente, lo siamo anche mentalmente e le emozioni possono prendere il sopravvento.

Tensione e rigidità a livello corporeo provocano una diminuzione di energia e vitalità, così come forti e continui stress emozionali provocano blocchi muscolari capaci di inibire i movimenti

***

Ecco 5 semplici consigli per mantenere il proprio benessere fisico, mentale ed emozionale:

- 1) Comincia dall'idratazione. Bevi almeno 1,5 litri di acqua al giorno. L'acqua regola le principali funzioni dei nostri organi, stimola la diuresi e si prende cura della nostra pelle. Mai aspettare lo stimolo della sete per bere, ricordati di introdurre acqua nell'organismo durante tutta la giornata.

- 2) Continua con l'attività fisica. L'esercizio fisico stimola la secrezione di endorfine (serotonina, buonumore) e aiuta a liberarci dalle tossine. Una semplice passeggiata di 30 minuti al giorno non è sempre sufficiente per stimolare il corpo a sentirsi meglio. Scopri metodi più consoni al mondo femminile volti a riarmonizzare la tua figura.

- 3) Prosegui con l'alimentazione. Una dieta equilibrata, ricca di cibi salutari così come il rispetto degli orari e dei bioritmi è fondamentale per il benessere psico-fisico. Fare una bella colazione al risveglio accende il fuoco necessario per affrontare la giornata. Pranzare entro le 13 e consumare una cena leggera fra le 19-19,30 aiuta a concludere con giusta energia la giornata e favorisce un sonno ristoratore.

- 4) Impara a riposare. Cerca di coricarti entro le 23 affinchè il bioritmo dei tuoi ormoni sia mantenuto. Dormire 8 ore a notte è ideale per non sentirsi stanchi durante la giornata.

- 5) Trova un alleato in più: prenditi cura di te stessa senza dimenticare il tuo apparato genitale.

Benessere, dunque, inteso come stare bene con se stessi, nella propria interezza e unicità, con la consapevolezza di esistere percependo il proprio corpo, la propria psiche e le proprie emozioni in equilibrio.

Senza mai dimenticare che la ricerca del proprio benessere promuove la crescita personale e porta al bellessere.

Bellessere. È un neologismo coniato da Enzo Spalto, noto psicologo del lavoro secondo il quale la bellezza viene intesa come speranza di un benessere futuro. Vivere tendendo al bellessere permette di considerare "il futuro come un progetto di vita".

Secondo Enzo Spalto l'ambito in cui il bellessere si esplica meglio sono le relazioni che si possono definire belle e produttive solo se ci si ascolta e se si ascoltano gli altri.

Per noi oltre a questo, il termine bellessere include l'essere-bello inteso come armonia delle forme e come osservazione dell'armonia della vita.

Vediamo il bellessere non solo nell'essere belli, ma soprattutto nel saper vivere la bellezza della vita rivolti verso il futuro e in armonia con il proprio corpo, la propria psiche e le proprie emozioni.

Bellessere è quindi la condizione fisica psicologica ed emozionale che permette di:
- vivere attivamente essendo attori e artefici della propria vita;
- vivere con la certezza di essere creatori del proprio futuro;
- vivere per realizzare il proprio sogno in armonia con le

emozioni che animano la vita;

- vivere in connessione con se stessi;
- vivere nel rispetto e nell'amore per se stessi;
- vivere in equilibrio con gli altri;
- vivere la vita e viverla con fiducia, serenità, comprensione, passione, amore, gioia e felicità.

Certo non si può pensare di vivere belli, sani e felici senza occuparci di tutto ciò che ci può rendere sani e quindi belli e anche felici.

Nelle prossime pagine vi accompagneremo nel perseguire e raggiungere una condizione dove benessere e bellessere siano lo scopo finale e la conseguenza di uno stile di vita, basando tutto sulla sostenibilità delle vostre scelte e delle vostre azioni al fine di progettare, raggiungere e mantenere il vostro "star bene".

RIEPILOGO DEL CAPITOLO 1:

- SEGRETO n. 1: apprezza l'essere donna, comprendi il tuo Universo femminile accolto nell'apparato genitale, prezioso scrigno del tesoro che possiedi.

- SEGRETO n. 2: non dimenticare mai che l'apparato genitale, con le sue quattro labbra, sa parlare e ha tanto da raccontare: le tue esperienze, le tue gioie, le tue sofferenze, il tuo essere donna. Ricorda che ha parole che solo l'Universo femminile sa usare.

- SEGRETO n. 3: lasciati guidare da medici esperti che con percorsi personalizzati ti insegnano ad ascoltare e comprendere il linguaggio del tuo apparato genitale, così da saper apprezzare ed esaltare il tuo essere donna: vera e propria energia creatrice.

- SEGRETO n. 4: intendi sempre il benessere come lo star bene con te stessa nella tua interezza e unicità, percependo il tuo corpo e il tuo apparato genitale in equilibrio con la tua psiche e con le tue emozioni.

- SEGRETO n. 5: intendi sempre il tuo bellessere non solo nel tuo essere bella ma anche nel saper vivere la bellezza della vita rivolta al futuro in armonia con il tuo corpo, la tua psiche e con le tue emozioni.

Capitolo 2:
Come interpretare il linguaggio
del proprio corpo

Imparare una nuova lingua è sempre difficile. Possiamo farlo scrivendo, leggendo, ascoltando. Nelle prossime pagine, vi accompagnerò nell'ascolto, interpretazione e comprensione del linguaggio dell'apparato genitale femminile attraverso il racconto di alcune mie esperienze lavorative.

Storie di vita. Luna e i suoi vent'anni.
Vi racconto di Luna, una bella ragazza di vent'anni, iscritta con ottimi profitti alla Facoltà di Ingegneria meccanica al Politecnico di Torino. Luna viene da me per la sua prima visita ginecologica: ecografia transvaginale, pap test, eco al seno.

Si siede sulla poltrona ginecologica ma non toglie le mutandine. "Mi scusi, dottoressa, ma per me è un problema, mi vergogno molto". Comprendo, le rispondo, succede spesso. Se non te la senti facciamo solo un'eco addominale. "No no, devo trovare il coraggio, ma la prego, mi dica la verità, mi dica se sono fatta bene, sa, è tutto cosi piccolo".

Effettivamente i genitali esterni di Luna sono perfetti ma piccolini come quelli di una bimba. Va tutto bene Luna, sì, hai ragione, hai delle labbra piccine, ma è sempre stato così?

"Non lo so, non mi guardo quasi mai e mi lavo usando la spugna, ho avuto i miei primi rapporti da un mese, da allora mi guardo un poco di più; sa, ho chiesto al mio ragazzo di avere rapporti al buio, non voglio che mi veda. Dottoressa mi aiuti, possiamo fare qualcosa?".

Certo, possiamo fare qualcosa, le possibilità sono tante e assieme dobbiamo trovare quella giusta per te. Parlo con Luna di igiene, le indico un detergente cremoso, le dico di lavarsi senza spugna passando la mano dal davanti verso il dietro, le consiglio di utilizzare acqua corrente.

Parliamo di indumenti di cotone, scegliamo di ridurre l'uso di salvaslip, e ci salutiamo con un compito da fare a casa: ritornare a lei piccina, ricordare quando si lavava o quando la lavava la mamma, qualche ricordo del suo apparato genitale. La mamma la portava dal pediatra. Tutto bene allora?

Le chiedo di rivederci dopo 10-15 giorni. Ritorna sorridente: "ne ho parlato con il mio ragazzo di questo buffo compito a casa" e sa cosa mi ha detto dopo aver ascoltato i miei ricordi? Certo, hai vissuto come un maschietto!

Raccontami Luna, perché mai? "Sa dottoressa i miei genitori mi adorano. Non sono arrivati altri figli dopo di me, ma entrambi desideravano tanto un maschio. Non ho mai avuto tante bambole, papà mi regalava macchinine, trenini; la domenica con mamma e papà andavo allo stadio, ho indossato sempre solo jeans, pantaloni o leggings. Adesso che ci penso nel mio armadio non ci sono gonne e abiti e non ho scarpe eleganti".

E la scuola? "Il sogno di papà è che diventi ingegnere meccanico. Poco femminile come professione. È molto orgoglioso di me, sto per laurearmi". "Ma adesso dottoressa, dica, mi può aiutare, può farmi crescere queste labbra così che mi possa sentire più femmina"?

Sì, è possibile e lo faremo in modo naturale utilizzando i tuoi fattori di crescita. Ma prima di spiegarvi la tecnica, leggiamo le parole del genitale di Luna.

Qualcuno direbbe che Luna abbia vissuto una ferita di rifiuto, una ferita emozionale, certo non fisica, amata adorata dai suoi genitori che non l'hanno riconosciuta come femmina, desideravano un maschio e Luna ha vissuto in modo poco femminile. Il suo apparato genitale, nato in un corpo femminile e per questo ben strutturato come morfologia, è cresciuto poco: quasi a proteggerla. I suoi genitali sono stati lo specchio di come lei si sentiva: non accettata come femmina.

Che cosa abbiamo scelto per Luna? Un trattamento molto naturale: un prelievo di sangue che abbiamo centrifugato e separato, estraendo poi i suoi fattori di crescita. Queste cellule hanno la capacità di moltiplicarsi e una volta iniettate si differenziano con caratteristiche specifiche del tessuto in cui vengono inoculate. Dopo aver preparato queste cellule, con un ago molto sottile le abbiamo iniettate nelle grandi e nelle piccole labbra.

Perché abbiamo scelto questa modalità per Luna? Era importante per lei sentirsi e vedersi donna, vivere il suo corpo per come non era stato riconosciuto, un corpo femminile. E quale miglior modo se non farlo con cellule sue, con il suo Dna, con i suoi 46 cromosomi e suoi cromosomi femminili, XX.

La scelta ci ha premiati subito. Appena iniettate le cellule, immerse in una loro matrice sierosa, hanno creato un effetto riempitivo, un piccolo lifting e in virtù di questo Luna pochi minuti dopo essere scesa dal lettino ginecologico ha iniziato piacevolmente a percepire e vivere i suoi genitali.

Nei giorni e nelle settimane le cellule proliferando hanno mantenuto questo lieve effetto riempitivo e Luna finalmente si è sentita femmina. Si è poi laureata e ci ha mandato foto di lei con un bellissimo abito, scarpe col tacco, un filo di trucco con accanto due meravigliosi genitori che hanno fatto del loro meglio nel crescerla.

Luna ha prenotato una visita per sua madre con la quale ho condiviso il bellissimo percorso della figlia. Ho conosciuto il ragazzo di Luna col quale scherziamo spesso relativamente a quanto gli costi la bolletta dell'energia elettrica ora che "possono tenere le luci accese".

Maria Sole e i suoi mancati rapporti.
Anche Maria Sole è una bella donna di cinquant'anni. Lineamenti marcati, che ricordano la calda regione nella quale è nata. Occhi profondi, lunghi capelli: madre di due meravigliosi ragazzi: una femmina e un maschio. Felicemente sposata da vent'anni.

Una vita serena a crescere i suoi figli; un rapporto di coppia sincero e stabile. Eppure Maria Sole non riesce ad avere rapporti sessuali da circa quindici anni, dopo la nascita del secondo figlio.

A questo si è associato un profondo fastidio all'evacuazione: ogni volta che libera l'intestino un dolore trafittivo parte dall'ampolla rettale per arrivare alla vagina, rendendo difficile lo svuotamento completo dell'ampolla stessa.

La seconda gravidanza di Maria Sole era stata regolare, il travaglio lungo e l'espulsione preceduta dall'episiotomia eseguita dall'ostetrica perché la testina del bimbo non voleva uscire. In molti casi, durante la fase espulsiva del parto, le ostetriche o il ginecologo, con la forbice, nel tentativo di evitare lacerazioni spontanee con perdita di tessuto e margini irregolari, tagliano a tutto spessore cute, muscoli e mucosa dell'introito vaginale (se necessario). Si recuperano a questo modo alcuni centimetri utili alla più facile fuoriuscita del bambino.

Terminato il parto ed espulsa la placenta questa zona deve essere ricucita: si esegue pertanto un'anestesia locale e si sutura a più strati. In termini meno medici, si appongono punti con ago e filo riassorbibile, chiudendo i vari strati tagliati.

Per quanto i punti vengano dati con cautela e attenzione è difficile rispettare esattamente l'anatomia. Non è facile "tirare il filo" in modo tale da mantenere l'elasticità naturale e i nodi necessari a che non si riapra la sutura, finiscono con l'irritare la parte della cute su cui appoggiano.

I punti nel giro di qualche settimana si riassorbono ma la cicatrice tesa e meno elastica induce subito disagio. È abitudine raccomandare di massaggiare bene la zona con creme adeguate, così da rielasticizzare cute e mucose, evitando aderenze, ma le neomamme un po' per il dolore che provoca il toccare questa parte ancora infiammata, e un po' per gli impegni e le attenzioni rivolte al neonato, finiscono col non seguire questa raccomandazione ritrovandosi alla ripresa dei rapporti con una elasticità ridotta e un dolore fastidioso.

Così era accaduto a Maria Sole: il dolore e il bruciore seguiti da qualche abrasione della cute e della mucosa si erano mantenuti negli anni, anzi erano peggiorati. Questo aveva portato a una riduzione dei rapporti, a una perdita progressiva della tonicità di questi muscoli (il rapporto in questo caso è terapeutico) e alla mancanza di rapporti negli ultimi quindici anni.

La sincerità, la condivisone con il marito, soprattutto l'amore reciproco non avevano compromesso il loro rapporto affettivo.

Tuttavia, Maria Sole desiderava per sé e per il compagno recuperare la fisiologia e la funzionalità di questa sua parte e perciò le abbiamo preparato un percorso con diverse sedute distanziate di due settimane fra loro e un mantenimento semestrale.

Maria Sole dopo due sedute ha recuperato l'evacuazione, ora libera il suo intestino quotidianamente e senza dolore. Dopo tre sedute ha ripreso ad avere rapporti più che soddisfacenti ai quali non desidera mai più rinunciare.

Andiamo per ordine: abbiamo iniziato con due sedute di neuralterapia, tecnica iniettiva con la quale si lavora sul riequilibrio del sistema nervoso autonomo e sulle membrane cellulari che, ripolarizzate, spengono il processo antinfiammatorio e antidolorifico.

Poiché la cicatrice di Maria Sole aveva creato forti aderenze fra gluteo, parete vaginale e zona anale, abbiamo trattato la cicatrice dell'episiotomia e la parete vaginale posteriore così da liberare anche la regione retto-anale.

Dopo la prima seduta, la percezione di questa sua parte era completamente mutata: scomparso quel fastidioso senso di tensione che avvertiva continuamente tra vagina, vulva e il gluteo; evacuazione possibile senza dolore, rapporti ancora difficili.

Abbiamo così deciso di continuare, iniettando poche gocce di un collagene naturale solo sulla cicatrice esterna, e dopo due trattamenti i rapporti sono stati possibili. A distanza di due anni continuano frequenti e appaganti.

Maria Sole ha fatto un percorso bellissimo, ci ha seguiti dal punto di vista alimentare, comprendendo bene che molti cibi "infiammano". Si attiene ancora a un corretto regime, fa uso di detergenti che abbiamo individuato idonei per lei e indossa solo lingerie di cotone – canapa o seta, tessuti naturali che permettono una buona ossigenazione della pelle.

Non dimentica mai che l'ossigeno è il miglior nutrimento per tutte le cellule e che i tessuti sintetici non consentono la traspirazione anzi la riducono.

Maria Sole ci ha permesso di raccontare la sua storia e la sua esperienza e ci raccomanda di ricordare a chiunque ci legga che per quanto il rapporto con suo marito sia stato sempre sereno, ora è appagante e pieno di condivisione.

*Lavinia, i suoi 72 anni e il piacere di riprendere in mano
la sua vita.*

Lavinia: ho scelto per questa mia paziente il nome della prima regina etrusca, non per caso. Lei stessa alla fine del percorso personalizzato che ha intrapreso con noi ci ha dato una lettera dove scriveva: "grazie a tutti voi che mi avete fatto sentire una vera e propria regina. Regina della mia vita, adesso che non ho più quel disturbo che tanto mi condizionava.

Grazie perché mi avete insegnato che non è mai troppo tardi per prendersi cura di sé. Grazie per avermi ridato la gioia di vivere e a 72 anni una nuova possibilità".

Lavinia viene accompagnata da sua nipote di 25 anni, anch'essa mia paziente. "Lorenza, ti ho portata nonna che ha un grandissimo problema: perde continuamente pipì… sai non esce più neppure per la spesa… il pannolone sempre bagnato, la paura del cattivo odore, il doversi cambiare continuamente, il rossore della pelle, il bisogno di lavarsi sempre".

"Lavinia, cara, le chiedo, non sente lo stimolo della pipì?" "Ma sì, lo sento, però non si ferma. La testa mi dice: "Non lasciarla andare, ma là sotto sembra che non capiscano, io tiro i muscoli, stringo i denti, ma lei esce comunque. di giorno e di notte".

Quando è iniziato? E' sempre stato così o è iniziato da poco? Lavinia si fa pensierosa, risponde la nipote. È iniziato dopo la morte del nonno circa un anno fa. All'inizio faceva come i cagnolini, tutte le volte che usciva di casa doveva fermarsi a ogni angolo a fare pipì: tutti i bagni erano i nostri, poi piano piano è peggiorata, adesso la perde ovunque e da mesi non esce più.

Senza saperlo Noemi, la nipote, ha interpretato il linguaggio del genitale della sua nonna. Leggiamolo assieme, vi sarà più facile interpretarlo.

Chiedo a Lavinia, le manca tanto suo marito? "Oh dottoressa cara, in cinquant'anni di matrimonio mai un litigio, mai un giorno senza di lui. Facevamo tutto assieme, dopo la pensione poi non ci siamo mai lasciati un momento, andavamo a fare la spesa assieme, assieme dal dottore, insomma assieme giorno notte.

Sa, avevamo da poco festeggiato le nozze d'oro. Abbiamo rifatto la cerimonia in chiesa e quando il parroco mi ha chiesto se volevo risposarlo gli ho risposto: ma certo, cosa sarebbe la mia vita senza di lui? e pochi mesi dopo lui se ne è andato. Chi sono senza di lui?".

E già, chi è Lavinia, qual è il suo ruolo, quale il suo spazio senza il marito, quale il territorio in cui riconoscersi e sapersi muovere da sola?

E dunque Noemi ha detto il giusto. Cosa fa un cagnolino quando esce di casa, fuori dalla sua area? Fa pipì continuamente per marcare il territorio, per delimitare la sua zona. E nonna Lavinia ha fatto lo stesso.

Sperduta senza il compagno di una vita, e priva di un suo ruolo, di una sua identità (ci ha detto "ho vissuto per lui identificandomi nel ruolo di moglie e con lui ho fatto tutto: mai nulla da sola", il territorio di "loro come coppia"); ha iniziato a marcare il suo territorio facendo spesso pipì, poi l'età e un piccolo prolasso della vescica hanno accentuato il sintomo portandola alla perdita continua di urina.

Bene Lavinia, facciamo un gioco: mi alzo dalla scrivania e vado nella stanza accanto, prendo una scatola di legno e gliela pongo davanti. Legge kit universale 64 fiori.

Apro il coperchio e le dico: "Velocissima pesca 3 bottigliette e le appoggi sulla scrivania. Pronta? 1, 2 e 3 ecco le boccette, leggiamo assieme i nomi dei fiori e leggiamo assieme il significato: stanchezza fisica ed emotiva, assenza di energia, mancanza di autostima, assenza di fiducia in se stessi. Noemi aveva ragione!".

Magari vi state chiedendo cosa siano questi fiori, sono essenze floreali coltivate in mandala sulle colline bolognesi e magistralmente lavorati secondo le regole alchemiche, fiori vivi capaci di lavorare sulle emozioni.

Ed ecco il primo step del percorso di Lavinia: 8 gocce di ogni fiore in acqua e brandy da spruzzare 3 volte al dì in bocca. Visito Lavinia: piccolo prolasso della vescica, le chiedo di contrarre i muscoli come a trattenere la pipì, non ci riesce.

D'altra parte, me lo aveva già detto, la testa comanda ma là sotto non c'è risposta, e allora ecco pronto il secondo step del suo cammino: esercizi di Kegel per riabilitare il pavimento pelvico.

Abbiamo rivisto Lavinia una volta al mese per sei mesi. Sempre pesca dei fiori, sempre ginnastica del perineo ed esercizi a casa. Ultimo fiore pescato pulsatilla, il fiore per eccellenza del sentirsi al femminile; intanto vi chiederete: e la perdita di urina? sotto controllo, in casa benissimo sia di giorno sia di notte, quando esce, ogni tanto si ferma al bar, prende una tisana e fa pipì.

Lavinia ha iniziato un corso di ginnastica per adulti e lo frequenta due volte a settimana e un pomeriggio a settimana va al centro anziani a giocare a burraco e questo la fa sentire una regina.

E allora, aprendo la sua lettera e leggendola assieme a lei, ho detto scherzosamente: ci credo che non si fa più pipì addosso, le regine non possono farlo. Lavinia ha sorriso e mi ha stretto le mani: non potrò' certo dimenticare quel calore.

Lyudmila e il suo lungo coraggioso cammino.
Ho conosciuto Mila quattro anni fa in un momento importante della mia vita. Mio padre, cardiopatico cronico dopo l'apposizione del pacemaker aveva presentato grandi difficoltà fisiche.

Da sempre mi aveva espresso il desiderio di non voler essere seguito in ospedale o in strutture per anziani, così in accordo con mia madre abbiamo deciso un aiuto a casa e tramite conoscenze è arrivata Mila: un angelo ucraino di sessant'anni che ancora oggi vive con la mia mamma. Nel frattempo, papà "ha concluso i suoi giri attorno al sole" e non è più con noi.

Mila, laureata in Lettere, insegnante alle scuole superiori, lascia l'Ucraina vent'anni fa con il sogno di poter rimanere in Italia solo qualche anno: il tempo sufficiente a guadagnare i soldi necessari per pagare l'Università ai suoi due figli.

Il marito, dedito agli alcolici, non era in grado di provvedere economicamente alla famiglia, e il suo stipendio di professoressa era troppo basso per gli studi dei suoi figli. Arriva in Italia con un sogno e lo realizza, ma non riesce a ritornare in Ucraina. Lavorando come badante trova il modo di pagare gli studi ai figli che laureati la raggiungono a Roma.

Inizia un momento difficile, i ragazzi non trovano lavoro e lei deve provvedere a tutti. Questa succintamente parte della sua storia facile da leggere e comprendere con queste parole, ma può essere narrata anche con altre parole attraverso il linguaggio segreto del suo "Universo femminile". Vediamolo assieme.

Ancora giovane in Ucraina, dopo emorragie ripetute per una grave fibromatosi uterina, si vede operare e le asportano utero e ovaia. Una grande cicatrice dall'ombelico al pube. Non basta. Alessandro, suo figlio, pochi anni dopo essere arrivato in Italia scopre di avere un tumore al cervello, viene operato a Roma mentre contemporaneamente a Ravenna Mila viene operata di tumore al seno destro. Pochi giorni di degenza e nessuna convalescenza, Mila vuole stare con suo figlio, parte e va Roma.

Mila rifiuta la chemioterapia, non può stare male: deve lavorare e accudire i suoi ragazzi, decide solo radioterapia. A oggi sta benissimo, nessun segno di patologia al seno, nel frattempo dopo altri interventi chirurgici Alessandro si spegne e Mila è lì accanto a lui.

E vi chiederete tutto questo cosa ha da raccontarci, cosa ha da dire dell'universo di questa moglie e mamma. Mila che ha anche studiato psicologia lo ha compreso e ora assieme a lei lo raccontiamo, affinché possiate interpretarlo così come lei stessa lo ha interpretato.

Un rapporto con il marito inesistente, un uomo che non ha saputo provvedere a lei come compagna e ai loro figli, un rapporto di coppia non gratificante e il suo utero e le sue ovaie hanno lacrimato litri e litri di sangue a piangere tutte le lacrime che potevano prima di essere asportati. E il seno, organo con il quale la donna nutre la sua prole?

La paura di non poter più accudire suo figlio ammalato. Ovviamente Mila sa di questo libro, mi vede scrivere e a breve leggerà queste righe che scrivo con la sua autorizzazione. Lyudmila sta bene fisicamente, ha ancora qualche ferita emozionale da curare, ma soprattutto ha la consapevolezza di dover trovare il talento che sottende a tutto questo.

Quale terapia abbiamo scelto per lei? Delle flebo che facciamo a volte settimanalmente a volte mensilmente, senza protocolli, come dire al bisogno, con prodotti naturali low dose, oligoelementi, attivatori del ciclo di Krebs per aumentare le sue risorse energetiche, prodotti alcalinizzanti e antiossidanti.

A questo aggiungiamo qualche goccia di rimedi floreali (nella medicina convenzionale non abbiamo trovato nulla di equivalente) che lavorano sui talenti, disinfettano le sue ferite emozionali e la aiutano a cicatrizzarle.

Come vedete, l'Universo femminile ha mille modi di parlarci, alcune parole più facili altre più difficili da comprendere, un bellissimo personale linguaggio segreto. Noi con la ginecologia del benessere e del bellessere (che intende il bellessere come speranza di benessere futuro) e che vede nel bellessere e nel benessere il proprio progetto di vita, proponiamo il percorso più idoneo, affinché ogni parola, ogni messaggio siano talento e strumento per raggiungere e mantenere il proprio benessere e il proprio bellessere al femminile.

Irene: nevralgia del pudendo, il nervo della vergogna.
Quarantotto anni, Irene lavora in banca. Madre di una brava ragazza che, come lei stessa dice, non le ha mai creato problemi e che ora vive felicemente con il suo compagno.

Un matrimonio come tanti, dice Irene, una vita fatta di serena quotidianità compromessa da un sintomo fastidioso che da 2/3 anni la accompagna. Difficile anche da descrivere dice Irene, ma tale da condizionarla al lavoro, nel tempo libero e a volte anche nei rapporti.

Improvvisamente, soprattutto quando sta troppo a lungo seduta (e lavorando alla cassa in banca trascorre molte ore seduta) si scatena un dolore nella vulva dal monte di venere alla zona anale che arriva fino all'inguine da entrambi i lati. Come se mancasse aria, ossigeno. Tutto brucia di un fuoco che si spegne solo se mette olio, creme rinfrescanti, ghiaccio o acqua.

A volte improvvisamente così come è arrivato questo fuoco si spegne, altre volte si trasforma in un dolore tale da dover prendere antinfiammatori e antidolorifici.

I pantaloni, i collants, alcuni indumenti, la bicicletta, a volte anche i rapporti scatenano tutto questo, così lei fa attenzione a quello che indossa, a quanto cammina, a come sta seduta; a volte il cuscino, a volte qualcosa di rigido sul quale sedersi, niente mare perché il sole scaldando potrebbe peggiorare, niente terme spa o altro: l'acqua calda potrebbe scatenare.

Arriva da noi con una diagnosi di nevralgia del pudendo. Ha visto ginecologici, neurologi, fisiatri. Visite, ecografie, tac, risonanze magnetiche, elettromiografie: un'unica diagnosi che tradotta in termini meno medici significa "dolore del nervo pudendo", la causa spessissimo non è conosciuta, non definibile, *sine causa* come diciamo spesso noi medici.

Il pudendo è un nervo che in pratica innerva tutta la vulva e dalla clitoride arriva alla zona anale. Che strano nome ha questo nervo, qui davvero entriamo nel linguaggio dell'apparato genitale, secondo l'etimologia latina: letteralmente significa vergogna.

Irene arriva con una borsa piena di farmaci, cortisone, tachipirina, analgesici di ogni genere e tipo, antidepressivi, ansiolitici (qualche collega aveva ipotizzato una sindrome depressivo-ansiosa come causa) e con una proposta che non ha il coraggio di accettare.

Le hanno proposto un piccolo intervento chirurgico con il quale apporre un neuromodulatore, un piccolo pacemaker che si sostituisca alla funzione del nervo, che lo moduli, che lavori al suo posto.

Lei vuole temporeggiare. Ha ascoltato alcune mie lezioni, mi ha sentita ad alcune conferenze e attraversando mezza Italia dalla Puglia è arrivata a Ravenna.

Alla visita tutto bene, nessun problema ginecologico, ma questo già lo sapeva. Nessun rossore, nessun segno di infiammazione della vulva. Assieme cerchiamo di rifare il punto della situazione, esaminiamo lo stile di vita e partiamo dall'alimentazione.

"Siamo ciò che mangiamo", scriveva dai tempi dei tempi Ippocrate, il primo medico greco nel 370 a.C., e questo ormai lo abbiamo imparato e fatto nostro. È risaputo che alcuni cibi, bevande, spezie infiammano.

Nell'intestino risiede il secondo cervello si scrive oggi, nell'intestino risiede la maggior parte del nostro sistema immunitario, qui vengono prodotti gli anticorpi, i controllori, i difensori, i guardiani della nostra salute.

Qui risiede il buonumore, perché la serotonina, neurotrasmettitore del buonumore, è secreta, prodotta nell'intestino, e circolando e passando la barriera ematoencefalica arriva al cervello.

Irene è stupita, non lo sapeva, ma subito risponde a questo con un "basta antidepressivi, aumentiamo il mio antidepressivo naturale: l'intestino è lungo 7 metri, accidenti quanto ne posso produrre".

Ci siamo: Irene ha colto il concetto! Gliela facciamo dico a me stessa: quindi partiamo dall'alimentazione e dopo una lunga anamnesi scegliamo quella più giusta per lei. Oltre alla qualità dei cibi, freschi, non conservati, con meno additivi possibili, cibi vivi, come ci ha insegnato la medicina sistemica, puntiamo molto sui bioritmi alimentari.

Dal cibo si estrae energia pura, molecole di Atp che vengono usate dalle nostre cellule per ogni funzione, compreso il produrre neurotrasmettitori e ormoni così importanti per la donna. Buona colazione per accendere il fuoco della giornata, pranzo entro le 13, cena alle 19-19.30 affinché vi sia una giusta quantità di energia per i neurotrasmettitori e gli ormoni della sera, secreti dopo le 20 senza sovraccaricare il metabolismo.

Irene impara a non andare più al bar per il pranzo. Si porta il cibo preparato a casa: cereali in chicchi, carne di buona qualità, uova di galline che mangiano solo canapa ricche di omega 3-6-9, e appena chiude lo sportello mangia. Metà mattino e pomeriggio un estrattore con frutta e verdura. A cena tanta verdura e proteine varie.

Parliamo di igiene: mantenere una corretta flora batterica urogenitale è indispensabile. La flora batterica intestinale determina quella vaginale che va mantenuta con detergenti e indumenti adeguati.

Valutiamo il ph di Irene, decidiamo il detergente e valutiamo indumenti solo di cotone, canapa e seta, niente lycra o microfibra o tessuti sintetici che riducono la traspirazione del tratto genitale.

Irene mi dice "peccato, mi piace avere una lingerie carina, qualche pizzo": nessun problema, vi sono ditte che producono indumenti più che graziosi con pizzi e merletti di puro cotone e seta e a prezzi contenutissimi. Irene mi racconta alle visite successive di aver trovato in internet ditte che producono queste deliziose cose. Ed ecco rinnovato il guardaroba intimo a prezzi contenuti.

Decidiamo per Irene una prima seduta di neuralterapia e con aghi sottilissimi iniettiamo all'emergenza dei nervi pudendi bilateralmente la soluzione. La meraviglia della terapia neurale che lavora riequilibrando il Sistema nervoso autonomo è data dal fatto che fornisce risultati rapidi. Infatti, il sintomo di Irene cambia subito dopo la prima seduta.

Dalla Puglia certo i chilometri sono troppi per arrivare a Ravenna, ma la fortuna gioca a favore: un collega Luciano (che nelle prossime pagine conoscerete) lavora in Abruzzo e Irene farà da lui alcune sedute intermedie. E qui la svolta che vi riassumo per motivi di pagine e di spazio.

Luciano, riflettendo sull'etimologia del pudendo, chiede a Irene come viva il suo apparato genitale e lei magicamente risponde "con vergogna: sa dottore, l'educazione". Così inizia un'altra anamnesi, quella della vita di Irene.

Irene nasce in una famiglia benestante, casa e chiesa come dice lei stessa, una tipica famiglia pugliese un po' chiusa: mamma lavora, è insegnante e lei viene affidata alle suore per tutte le scuole medie comprese.

E allora i ricordi, non fate mai vedere questa parte, non sollevate mai le gonne, coprite le gambe quando salite sullo scivolo, abbassate la gonna sull'altalena, tenete le gambe chiuse, non è educato stare a gambe divaricate. Non fate vedere questa parte del corpo, insomma, abbiatene vergogna.

"Che buffo" – dice Irene – "a forza di tenere le gambe strette ho schiacciato la mia vulva e adesso me la fa pagare": questa la sua verità che sembra banale, ma che è scritta nella sua storia di vita e raccontata attraverso il linguaggio del suo apparato genitale: l'universo femminile di Irene.

Il lavoro con il collega, prezioso e duraturo fatto di racconti, regressioni, ricordi, riflessioni, floriterapia, flebo ha permesso a Irene di maturare una consapevolezza che le permette di comprendere e accettare i suoi sintomi.

Irene è guarita vi chiederete? Sì, perché ha compreso il suo sintomo che quando si riaccende spegniamo con qualche seduta, lei intanto sta continuando il suo percorso di vita lungo il cammino dello star bene.

Questa è la ginecologia del benessere e del bellessere: un

percorso, un cammino in compagnia di medici e paramedici che, lavorando in sinergia e sintonia con gli stessi obiettivi, vi accompagna verso il personale star bene nel vostro essere donne in cammino in compagnia dell'universo femminile e del suo linguaggio, perché lo riscrivo: essere donna è un vero meraviglioso cammino.

Verità: realtà o percezione?

Care lettrici, come sapete e come spero abbiate compreso leggendo le storie di vita precedenti, ognuno vive la realtà' che percepisce. Sia essa vera o non vera, ognuno ha e ognuno vive la propria verità.

Una ragazza di 40 chili può vedersi grassa, una di 80 può percepirsi bella e attraente: e quale diverso atteggiamento esse hanno nel relazionarsi con se stesse e con gli altri!

Gli abiti che comprano, i cibi che mangiano, i luoghi che frequentano sono lo specchio di come loro stesse si percepiscono. La magra che vive da obesa, la robusta che vive da magra, questa è la loro verità.

Percepirsi, sentirsi, apprezzarsi, conoscersi, accettarsi, comprendersi e amarsi, attraverso la percezione e l'immagine che abbiamo di noi è fondamentale per il raggiungimento del nostro equilibrio, della nostra serenità e felicità.

Quante di voi hanno fatto o pensato di fare qualcosa che migliori il proprio corpo? Rivitalizzare e rimodellare la fronte, le palpebre, le labbra, il seno o i glutei, riconoscendo in questo la possibilità di sentirsi e di viversi più belle, più femmine, più donne.

Quante altre hanno cambiato il proprio atteggiamento dopo essersi prese cura del loro corpo: ne sono uscite più forti, sicure, più consapevoli, con una maggior considerazione di loro stesse e con una maggiore autostima.

Ma, mi chiedo, quante di loro o quante di voi abbiano mai pensato di poter cambiare il proprio atteggiamento, il proprio *modus vivendi*, migliorando e abbellendo il proprio apparato genitale.

Accudirlo, coccolarlo, rivitalizzarlo, rimodellarlo, tonificarlo sarà il cammino attraverso cui acquisire sicurezza, fede in voi stesse;

sarà il percorso che vi porterà a vivere nella stima di voi, che accenderà i vostri ideali, illuminerà i vostri sogni, che darà inizio alla vostra trasformazione verso la serenità.

È proprio questa parte del corpo che racchiude la nostra vera natura e la nostra vera bellezza, la bellezza che ci ha donato Madre Natura. Questo è lo scrigno in cui custodiamo la nostra forza creatrice.

Questo il custode della nostra forza interiore, della nostra emotività, della nostra indipendenza, del nostro coraggio, della nostra sicurezza. Qui è racchiusa la nostra capacità di accudire, di accogliere, di avvolgere e di amare. Questo il vero forziere in cui è racchiusa la nostra "dote", il tesoro che ogni donna porta dentro se stessa.

Il cuore, i polmoni, i reni, lo stomaco, così come tutti gli altri organi, sono per morfologia e funzione identici a quelli dell'uomo. L'apparato genitale no, grazioso con le sue labbra e accogliente con la vagina. Un nido caldo per il seme che dà la vita.

E ancora lo ripeto e lo scrivo: è in questa parte che spesso non guardiamo per vergogna, che non conosciamo per cattiva educazione, che non tocchiamo per tabù, che non consideriamo meritevole di attenzione per mancata istruzione, è qui che si racchiude l'universo femminile.

Allora, impariamo ad apprezzarlo, ritenendolo degno di piccole e grandi attenzioni: il giusto detergente, l'indumento più naturale, la crema più idonea, la ginnastica più consona a tonificarlo. Un tocco di rivitalizzante per nutrirlo, un filo di collagene per mantenerlo elastico, qualche goccia di fattori di crescita per riportarlo alla giusta consistenza.

Quante di voi hanno avuto figli e quante di voi, nel meraviglioso momento del parto, hanno presentato qualche lacerazione? A quante di voi è stato fatto "un taglietto" (episiotomia) per favorire la nascita del bambino? Quante cicatrici grandi e piccole a ricordo di questi bellissimi momenti? Ma quante di voi hanno pensato prima d'ora di prendersene cura?

Se aveste sul volto, vicino alle labbra, adiacente alle guance, l'esito di una ferita suturata, una cicatrice che limita l'apertura della bocca e vi condiziona nel sorridere, nel parlare, nel mangiare: non andreste forse da un medico, dermatologo o medico estetico chiedendo qualche soluzione utile al recupero della funzione della bocca e al contempo della bellezza del volto?

Invece, quante di voi, con una cicatrice delle grandi o piccole labbra (lacerazione da parto-episiotomia) andrebbe da un ginecologo per chiedere un trattamento utile a migliorare la forma e la funzione della vulva stessa?

È forse più nobile la funzione delle labbra e della bocca rispetto a quella delle labbra e della vulva, loro che delimitano l'ingresso del nostro mondo interiore? Bene, sappiate che meritate anche questo! Sappiate che vi sono trattamenti personalizzati che vi aiuteranno a mantenere e riconquistare la vostra bellezza femminile.

Quante di voi, perdendo peso, hanno notato una lassità dell'addome e quante hanno fatto un trattamento tonificante, magari una radiofrequenza? Tutto questo si verifica anche nell'apparato genitale.

La vulva e le pareti vaginali, negli anni perdono tono per una naturale riduzione di collagene e acido ialuronico e, parimenti ad altre parti del corpo, possono trovare giovamento e recupero con la radiofrequenza.

Se un addome più tonico, un seno più pieno, un gluteo più sollevato sono capaci di aumentare la vostra autostima e possono migliorare l'accettazione di voi stesse e il rapporto con i vostri compagni, pensate che un genitale più tonico, elastico, lubrificato, soffice e avvolgente non possa fare altrettanto?

Quindi vi invito ad accudire il vostro apparato genitale, lui che per primo contribuisce al piacere della vita. E proprio tu, che in questo momento stai leggendo, viviti femmina, viviti donna, viviti bella perché lo sei e lo potrai essere per sempre, accudendo il tuo mondo femminile e il tuo universo di donna

Occupati ogni giorno della sua salute e della sua bellezza. Vivi nel bellessere e nel benessere psico-fisico emozionale. Avverti il tuo genitale come meraviglia che ti contraddistingue, tu regina fra le regine. Impara ad apprezzarlo, dimentica i tabù, le false convinzioni dettate dalla maleducazione, dai preconcetti, dai giudizi e dai pregiudizi che ti sono stati inculcati.

Sii grata a Madre Natura che ti ha donato questi organi. Lei che non conosce il giudizio ha racchiuso in questa parte del tuo corpo la tua più autentica forza e bellezza.

Quindi, cara lettrice, lasciati guidare in questo cammino, donati un trattamento, seguici in questo percorso. E…

- Accendi la tua forza interiore, così gli altri la apprezzeranno.
- Percepisci la meraviglia che racchiudi e gli altri la esalteranno.
- Apprezza la grandezza che è in te e gli altri la riconosceranno.
- Migliora la percezione che hai di te perché la percezione della vita cambierà.
- Migliora il rapporto che hai con te perché il rapporto con gli altri migliorerà.

65

- Migliora il tuo presente perché il tuo futuro migliorerà.
- Migliora il tuo apparato genitale perché il tuo universo femminile e la tua vita miglioreranno.

Inizia da sola e lasciati poi accompagnare da esperti in questo percorso di consapevolezza, riconoscimento, stima di te, fiducia e fede in te stessa.

RIEPILOGO DEL CAPITOLO 2:

- SEGRETO n. 1: impara a sentirti, apprezzarti, conoscerti, comprenderti e amarti attraverso la percezione e l'immagine che hai di te per raggiungere il tuo equilibrio, la tua serenità, la tua felicità e il tuo successo.

- SEGRETO n. 2: cambia la percezione che hai di te; modifica il tuo atteggiamento, il modo di viverti e di vivere. Fallo accudendo, migliorando e abbellendo il tuo apparato genitale.

- SEGRETO n. 3: viviti femmina, viviti donna, viviti bella perché lo sei e lo sarai ancora di più conoscendo e migliorando il tuo genitale: coccolalo, rivitalizzalo, tonificalo, rimodellalo. Questo per avere maggior stima di te, illuminando i tuoi ideali e i tuoi sogni.

- SEGRETO n. 4: occupati ogni giorno della salute e della bellezza del tuo genitale per vivere il tuo benessere e bellessere fisico-psichico ed emozionale.

- SEGRETO n. 5: impara ad apprezzare il tuo genitale: dimentica i tabù, le false convinzioni dettate dalla maleducazione, dai preconcetti, da giudizi e pregiudizi inculcati.

Capitolo 3:

Come comprendere il benessere e il bellessere

La visione e l'esperienza: Il benessere e il bellessere del medico estetico.

Bentrovate care lettrici, ora tocca a me parlare della mia esperienza quindecennale di medico. Ho la consapevolezza di quando da bambina ho scelto che volevo fare il dottore.

La spiegazione di mio zio medico – a cavalcioni su di una sedia della cucina con gli occhi brillanti e la voce calma – di come funziona il nostro sistema immunitario mi aveva letteralmente stregata.

Mi raccontava la storia di quel nostro meraviglioso sistema di difesa, "consapevole" di chi siamo; di come riconosce le nostre cellule ed elimina quelle estranee se ci creano danno. Mio zio è stato il primo che ha acceso la scintilla della conoscenza nella mia immaginazione e nel mio cuore di bimba.

Ero curiosa ogni volta che studiavo un apparato del corpo umano ed affascinata nello scoprire che ogni sua parte è perfettamente sufficiente a se stessa e connessa alla altre. Da allora ho compreso che volevo occuparmi di tutto questo.

Ho scelto la specializzazione in medicina generale per avere una visione d'insieme della persona, poter instaurare un rapporto duraturo. Chi meglio del medico di famiglia? Gli anni mi hanno insegnato che la burocrazia mi avrebbe portato via tempo prezioso e che sognavo di più. Volevo avere tempo da dedicare e strumenti diversi, più completi, naturali.

Quindi ho deciso di continuare a studiare per conoscere una medicina complementare che aiuti l'organismo a superare i suoi blocchi, a curarsi con l'ausilio di tecniche meno invasive e più naturali e ritornare in equilibrio e armonia sia nella sostanza sia nella forma.

In un momento di grandi decisioni professionali ho incontrato Lorenza, docente alla scuola di neuralterapia. Con il suo aiuto ho scelto la libera professione e poco dopo ho avuto il piacere di conoscere Luciano.

Da quel momento e grazie alla loro collaborazione, la velocità di comprensione e la focalizzazione dei miei obiettivi è cresciuta esponenzialmente. Ho sperimentato come la neuralterapia, che nasce come terapia del dolore sia uno strumento di lavoro utile ai pazienti per comprendere i motivi dei loro disturbi. Non si tratta di sopire il dolore ma di comprendere il significato della malattia.

Ho avuto la conferma che il nostro corpo, la nostra massa si esprime con il linguaggio che possiede, ed esprime, attraverso il disturbo funzionale o il dolore, un disagio più profondo. Ho compreso inoltre che il corpo ha la capacità di ritornare in equilibrio se ascoltato e supportato.

La neuralterapia è stata la chiave che ci ha permesso di aprire la porta della conoscenza della medicina sistemica e frequentare la scuola prima, il master di riequilibrio Pnei, successivamente. Pnei: parola complicata per spiegare che il nostro organismo è un sistema complesso e perfettamente integrato di cellule minuscole che interagiscono e collaborano tra loro, sempre, in ogni istante della nostra vita.

Il nostro sistema neurologico, immunitario, ormonale e psichico si parlano, comunicano attraverso delle molecole e si raccontano cosa sia meglio fare per ottenere benessere e felicità. Utilizzano un linguaggio meraviglioso fatto di luce (scariche elettriche nelle cellule nervose), tradotto in chimica (molecole immunitarie, ormoni trasmettitori) e inviato a tutto il corpo.

A quel punto mi sono chiesta "e la bellezza in tutto questo che ruolo gioca?". Mi è sembrato un proseguimento naturale prendermi cura dell'aspetto estetico di ognuno di noi. Fin da bimba ho amato l'arte e la natura. Contrariamente all'opinione comune, "Estetica" è il gusto e il piacere del bello, non dell'apparenza ma della forma, come espressione del corpo e del piacersi.

Siamo cresciuti nella cultura del dovere e del sacrificio, ma se ci pensiamo, in ogni religione e filosofia si insegna ad amarsi prima di tutto, ad accettarsi. Questo non vuol dire forse anche piacersi? La differenza sottile risiede nella comune accezione di estetica come ostentazione nel seguire a tutti i costi l'aspetto esteriore fine a se stesso.

Il percorso di crescita professionale e personale che ho avuto il piacere di condividere con Lorenza ci ha arricchite ed unite ancor più nella bellissima esperienza dell'insegnamento alla scuola di medicina sistemica integrando ognuno le competenze dell'altra.

Poter considerare il paziente che si rivolge a noi con una visione più ampia, completa e integrata e trasmetterlo ai colleghi è stato emozionante.

Mi stupisco io stessa di essere ora qui a scrivere la mia esperienza, io che ho intrapreso il mio cammino professionale e soprattutto personale muovendo i primi passi al buio, illuminata dalla luce di Lorenza e Luciano che avevano già iniziato quel percorso. Ero consapevole solamente della volontà di conoscermi, migliorarmi e dare un contributo personale alla mia vita *in primis*, alla medicina e all'ambiente che mi circondavano poi.

Poter condividere con voi la mia visione della medicina al fianco di Lorenza e Luciano, addirittura poter esprimere la bellezza e il benessere in questo libro, è per me un piacere immenso, la sensazione calda e avvolgente, eccitante e coinvolgente di fare parte di un progetto profondo: il segreto femminile!

Eccomi dunque ad avere aperto il mio studio e occuparmi di medicina del benessere e del bellessere, prendendomi cura dell'aspetto della persona nel suo insieme: antiaging e riequilibrio dei sistemi biologici, lenendo il dolore e i disturbi di vario genere.

Nasce quindi la collaborazione con Lorenza e Luciano, amici, colleghi e mentori, con cui ho condiviso il piacere di un bellissimo percorso di crescita personale. La scelta di voler ampliare i nostri orizzonti, basati sempre sulla conoscenza medica e sugli studi scientifici, senza però relegare in secondo piano l'aspetto psichico e il vissuto personale di ognuno, ci ha permesso di maturare una visione ampia e integrata dell'antica arte medica.

Proprio così, un'arte e non solo una professione, esattamente com'era in passato, perché l'artista a differenza del professionista sa interpretare, è sensibile oltre che intuitivo e gentile e ha la capacità di creare la sua opera, la sua nuova e personale modalità di esprimere la differenza.

Vi accompagneremo in un viaggio nel nostro corpo attraverso la comprensione di come siamo fatti, di come funzioniamo, come modifichiamo con il passare del tempo e come possiamo mantenerci in salute e bellezza.

Il nostro viaggio si soffermerà particolarmente nella zona genitale perché rappresenta ancora un aspetto poco espresso. Molte pazienti si stupiscono poiché chiedo loro come stanno sotto questo punto di vista, se hanno disturbi o disfunzioni.

Ci occuperemo del corpo senza tralasciare l'aspetto emozionale e mentale, insomma, ci prenderemo cura dell'individuo, colui che è appunto indivisibile. Ecco che ho raggiunto il sogno che avevo da studente, l'obiettivo di potermi prendere cura dell'essere umano nella sua interezza e unicità.

Mi trovo a parlarvi appunto di benessere, di stare bene con se stessi. Non si tratta di una frase fatta o di moda, nel senso più profondo del termine è la consapevolezza di esistere e di percepire il proprio corpo che sta bene, la propria psiche in equilibrio, tutti noi stessi in armonia.

E vorremmo prolungare il più possibile questo stato, proiettandoci verso il futuro, progettando una vita piena, sana, felice e consapevole potendo esprimerci, aprendoci all'ambiente esterno.

Al benessere pensiamo poco, ma se riflettiamo sul miglioramento dello stato fisico dopo una malattia o un intervento chirurgico, dopo una perdita affettiva, dopo una delusione, quando riparte la volontà di superare l'ostacolo, la difficoltà, allora comprendiamo quanto è fondamentale il cambiamento.

In tal caso, possiamo considerare il limite del concetto attuale di benessere, quello che la società definisce prevalentemente in maniera quantitativa una sicurezza materiale, e accompagnare invece un concetto che lo integra e contempla altre dimensioni, più spirituali, profonde, umane?

Il benessere non è una statica esistenza nel concetto di stare bene, tutt'altro. Tutto il nostro organismo è in costante movimento: la pressione, la frequenza cardiaca, la respirazione, la temperatura e gli ormoni stessi, sono in costante oscillazione anche nella stessa giornata. Mantenere la salute e quindi il benessere prevede la costante ricerca di un equilibrio dinamico.

La salute è la capacità di adattarsi alle mutevoli condizioni dell'ambiente in un equilibrio armonico di forme e funzioni. Entra in campo, allora, la bellezza intesa come armonia, come proporzione delle forme, come relazione tra uno stato buono di vita e un'osservazione dell'armonia della vita, che sono due cose diverse, distinte e complementari.

Si potrebbe allora parlare anche di bellessere non solo come essere bello, ma anche di bellezza dell'esistenza, dell'armonia e del gusto della proporzione e del piacersi.

In generale, si intende la bellezza come una sorta di perfezione di forma dei tratti fisici delle persone. Ognuno di noi ha dei tratti caratteristici, unici, che lo contraddistinguono e lo caratterizzano, senza cui non si riconoscerebbe più. Non si tratta di cambiarli, modificarne la forma, ma esaltarne la sostanza. In questo senso la forma non è esteriorità, involucro ma struttura, sostanza, essenza dell'essere vivente.

Le mie pazienti ormai sanno che io non proporrò mai labbra eccessive, zigomi accentuati, fronte completamente piana senza rughe. Anzi la bellezza in un viso e in un corpo è l'armonia con la propria essenza, accettare l'età anagrafica senza paura, consapevoli che si può mantenere un aspetto giovane, sano, armonioso senza alterare i lineamenti di ognuno.

Questa è la mia visione della medicina del benessere e del bellessere, centrata sull'individuo unico e irripetibile: una medicina che ne esalti i pregi e l'espressività, riarmonizzando la materia e la sua forma (il nostro corpo) preservando la salute con la consapevolezza che una materia che funziona bene, sana armoniosa è anche bella.

Storie di vita.
Virginia ed il piacere della femminilità
Vi racconto la storia di una mia paziente meravigliata

dell'eccezionale risultato ottenuto nel prendersi cura della propria bellezza, e di come questo abbia migliorato la qualità della sua vita.

Una giovane donna mi chiede di poter prendersi cura del suo viso in prevenzione dell'invecchiamento, il lavoro la impegna molto e si sente stanca, la pelle è ben idratata con qualche piccola discromia cutanea (macchie scure) da esposizione al sole.

Nel racconto scopro che il suo intestino non è regolare nonostante una buona alimentazione, idratazione e attività fisica. Decidiamo assieme di iniziare con un peeling e una seduta di biorivitalizzazione per ridonare alla pelle le sostanze essenziali per prevenire i segni dell'invecchiamento: vitamine e antiossidanti, un goccio di acido ialuronico e qualche tocco col pennello per applicare il peeling schiarente.

Il viso appare molto più luminoso e riposato. Dagli esami risulta un'alterazione dei normali batteri che vivono nel nostro intestino e uno stress ossidativo elevato. Decidiamo quindi di provvedere all'integrazione delle sostanze necessarie nella circolazione della giovane donna.

Aiutiamo il suo organismo a sentirsi in forma, riposato, forte e manteniamo la giovinezza con vitamine, oligoelementi, energia data dalle molecole che lavorano per stimolare il nostro corpo a produrre l'energia necessaria ATP. Aggiungiamo anche antiossidanti naturali e riequilibranti del sistema nervoso.

Aggiustiamo e regolarizziamo l'intestino e i cicli ormonali e i bioritmi con sostanze low dose naturali. La giovane donna si sente molto meglio e la pelle mostra tutta la sua bellezza: un corpo che sta bene, i sistemi enzimatici funzionanti, gli ormoni e i bioritmi in equilibrio e l'intestino regolare.

La pelle appare in tutta la sua luminosità, compattezza, elasticità e turgore, esprime bellezza e benessere. A questo punto la nostra attenzione si concentra su quella parte del viso di una donna che può illuminare e addolcire i lineamenti con un piccolo trattamento medico: la bocca.

La cura delle nostre labbra è molto importante, sentirle morbide, vederle rosee e distese, senza rughe, percepire la loro consistenza elastica e soda nel parlare e baciare, mantenerle idratate fa un enorme differenza. Normalmente con l'età si assottigliano e compaiono le rughe sia sul labbro superiore sia inferiore, la loro forma si appiattisce e cambia, non hanno più la somiglianza naturale con un cuore.

Decidiamo quindi assieme di trattarle. Con l'aiuto della crema anestetica aggiungiamo un goccio di acido ialuronico, vitamine e minerali per mantenerle morbide e rosee, curiamo appena il bordo, manteniamo la forma a cuore aggiustando di poco la lieve asimmetria (molto comune) tra il lato destro e sinistro.

Un piccolo aiuto alla consistenza ed elasticità nella parte rosea della mucosa *et voilà*, cuore perfetto, senza modificare i lineamenti, semplicemente esaltando la forma già presente. Risultato bellissimo e paziente felicissima.

Ritorna dopo un po' di tempo raccontandomi che aveva ricevuto molti complimenti: amici e colleghi si accorgevano della sua bellezza senza comprendere bene cosa fosse cambiato nel suo aspetto.

La sensazione di sentire le labbra più carnose senza essere voluminose, morbide e rosee le aveva fatto comprendere come fosse diversa la percezione del suo aspetto. Si sentiva finalmente bella e desiderabile.

Se con il trattamento delle labbra la percezione di noi donne cambia, pensate come possa farci sentire il lifting delle labbra vulvari. Infatti, la scelta di prenderci cura dell'aspetto del nostro apparato genitale ci ha confermato quanto sia fondamentale apprezzarci.

Abbiamo scelto una via più completa: ci siamo prima dedicate alla "pulizia delle memorie", grazie all'aiuto della neuralterapia, delle piccole e grandi labbra.

Con qualche piccola punturina abbiamo pulito la matrice extracellulare dalle scorie che quotidianamente i nostri tessuti producono, abbiamo ristabilito l'equilibrio delle cellule, restituito turgore alla pelle e al tessuto sottocutaneo. Già dopo questa prima seduta, la percezione di essere desiderabile, estremamente femminile, è aumentata e i rapporti intimi con il compagno sono migliorati.

Nel nostro successivo incontro abbiamo scelto assieme di applicare qualche goccio di collagene naturale e vitamine con oligoelementi per ridare turgore e morbidezza alle piccole labbra vulvari, addolcendone la forma lievemente asimmetrica anche qui e ricreando un cuore.

I risultati ci hanno confermato la bontà della scelta: la sensazione calda, avvolgente e accogliente che il compagno ha percepito ha migliorato notevolmente i loro rapporti. Lei si sente di vivere una femminilità diversa, sempre determinata ma con la consapevolezza di essere bella, di sentirsi desiderabile, di possedere un meraviglioso linguaggio segreto che solo il genitale femminile racchiude e sa esprimere.

Lucia: i suoi denti, la meraviglia della vita e il suo bambino.
Conosco Lucia da un po' di tempo per un problema alla spalla destra ormai risolto e durante una delle ultime sedute di controllo

mi racconta di aver conosciuto un ragazzo di cui si è innamorata. Finalmente mi esprime tutta la sua voglia di avere un bimbo. Il suo desiderio, che avevo colto da tempo, era rimasto inespresso per la mancanza di un compagno dopo una storia naufragata. Decidiamo quindi di lavorare con due tecniche che ci aiutino a far parlare l'apparato genitale: l'agopuntura e la neuralterapia.

Lucia dalla sua precedente relazione si era portata la difficoltà a provare piacere durante i rapporti e una rabbia che covava ancora. Decidiamo quindi assieme di stimolare alcuni punti di un meridiano particolare vaso concezione, contemporaneamente chiediamo al sistema nervoso autonomo di aiutarci a comprendere cosa desidera veramente.

Quel particolare insieme di cellule nervose che si trova tra l'utero e le ovaie ci permette di regolare, agendo dall'esterno, l'iperattività eccitatoria a favore del rilassamento, dell'accoglienza, dell'apertura a una nuova visione dell'uso della nostra energia vitale. Lucia ha scelto come professione l'occuparsi dei bimbi fin dal loro concepimento, segue le mamme durante la gravidanza e in sala parto. Ricordavo dalla sua anamnesi, che in passato, aveva avuto carie ai denti. Con la collaborazione di Luciano abbiamo attentamente esaminato ogni dente inteso come unità anatomica e funzionale, trattando quelli che risultavano dolenti alla vista e che corrispondevano ai meridiani di regolazione dell'apparato genitale.

Proprio così, nella nostra bocca abbiamo una mappa per orientarci, una rappresentazione dell'intero organismo: ogni dente corrisponde a un meridiano, a logge energetiche, a organi, apparati e muscoli secondo la moderna visione medica della dentosofia.

La sapienza e la mano delicata di Luciano nel comprendere quale dente avesse bisogno di essere riequilibrato, il linguaggio comune con cui si esprimevano questi due apparati genitale e odontostomatognatico ci ha permesso di poter aiutare Lucia su più livelli, ottenendo un meraviglioso risultato: la nascita di una nuova vita, il suo bambino.

(dott.ssa Ilaria Berto)

L'universo femminile attraverso gli occhi dell'uomo, del medico e dell'odontoiatra.

Eccomi qui, Luciano, a me il piacere di completare questo capitolo con il mio contributo di medico-odontoiatra ma soprattutto di uomo. Non lo farò attraverso i miei occhi, ma attraverso la visione che ho della bocca o, meglio, "delle bocche" della verità.

Chi non conosce le bellissime leggende legate a questo mascherone monolitico tanto speciale per il popolo romano? Si narra che tutti coloro che dicono una bugia, tenendo la mano nella bocca del mascherone, la perdano perché recisa dal suo terribile morso.

La storia si intreccia con un'altra leggenda, quella di una giovane donna condotta dal marito sospettoso davanti alla bocca della verità, lei che riesce a salvare la mano davanti a un espediente per sfuggire all'accusa di infedeltà così da continuare a frequentare il suo amante.

La bocca: una per l'uomo, due per la donna. Due le labbra che l'uomo possiede, sei le labbra della donna. Davvero tante parole, tanti racconti, tantissime verità attraverso queste bocche. Ma un passo dopo l'altro: prima conosciamoci.

Come Ilaria e come Lorenza ho vissuto fin da bambino il sogno di diventare medico. Nasco in un meraviglioso paese sotto le pendici del monte Velino e trascorro la mia infanzia e la mia adolescenza godendo della magia di questi luoghi avvolti dalla leggenda e dai trascorsi storici di Alba Fucens.

Mi ricordo bambino, mentre giocavo per strada a quello che oggi potrebbe essere il tennis, un giorno in cui la moglie di un medico si rivolse a me, così come tante altre volte aveva fatto, con affermazioni umilianti. È stato quello l'attimo in cui è scattata dentro di me la scintilla: "da grande farò il medico", e da quel momento la vocazione.

Ho lasciato il paese, sono andato a L'Aquila poi a Roma e come studente-lavoratore mi sono laureato. Sono poi ritornato al paese e ho iniziato la mia attività professionale di medico e odontoiatra.

Da subito ho sentito il limite formativo nel seguire i miei pazienti: il dolore al dente e l'antinfiammatorio; le infezioni e l'antibiotico, le nevralgie e il cortisone, l'estrazione come ultima spiaggia. Ho iniziato a percepire che questo non bastava, le carie ritornavano, i disturbi si ripresentavano.

Da qui la necessità di un percorso diverso. Ho iniziato a fare corsi, approfondimenti, aggiornamenti e scuole che mi hanno insegnato a prendermi cura della persona nel suo insieme, del suo universo: non solo della sua bocca e dei suoi denti. Questo oggi mi ha portato a leggere la bocca della verità in ogni mio paziente, la sua verità, le sue esperienze, il suo vissuto.

Questa la modalità con la quale mi è possibile comprendere dove nasce il disagio, il disequilibrio che si traduce all'interno della bocca in lesione dei denti e dei tessuti molli. Questa la modalità che mi permette di dare valore a ogni paziente accompagnandolo verso il benessere e il bellessere.

In questo percorso di crescita ho avuto accanto Vittorio, un amico, maestro di conoscenza e di vita. Nel suo immenso e profondo sapere, frutto del rispetto per l'essere umano e della passione per la vita, mi ha aperto gli orizzonti a una visione oltre le apparenze.

Anche a lui devo il mio saper leggere la bocca come bocca della verità: ciò che ognuno di noi è con le proprie esperienze, il proprio vissuto, le proprie sofferenze e gioie; con le proprie storie di vita e con il suo Essere.

E l'avvicinarmi all'altra bocca, quella dell'universo femminile, è stato l'inevitabile, piacevole passo successivo. E ora eccomi qui a condividere la mia esperienza di medico e di uomo in questo percorso volto al raggiungimento del benessere e del bellessere attraverso la bocca della verità dell'apparato genitale femminile.

Nel mondo mammifero-animale il maschio si muove istintivamente attratto dalla femmina, percepita come mezzo attraverso il quale mantenere la propria stirpe. Si prende cura di lei e la protegge poiché riconosce in lei l'elemento "procreatore" della natura.

L'uomo, oltre questo, riconosce la femmina come sorgente di vita e di luce e da essa si nutre. Percepisce la donna nel suo essere matrice, nella sua capacità di dare forma, nel suo essere fonte di continuo nutrimento. Da qui l'uomo-eterno bambino che per tutta la vita sente il legame con la sua matrice e che abbisogna del suo nutrimento e della sua luce.

Ne sono esempio molti uomini che dopo la mancanza della propria donna, persi, confusi e smarriti, non danno più senso alla vita stessa. La matrice, la donna, che vive nella piena accezione il suo essere femmina, che comprende ed esalta il suo universo femminile che si muove nel benessere e nel bellessere, dà pieno valore al rapporto maschio-femmina realizzando l'unione del tutto, la nascita dell'uno, dove il maschio nutre e protegge l'elemento femminile e la femmina accoglie e nutre l'elemento maschile nella condivisione assoluta.

L'invito che faccio da maschio e da uomo a ognuna di voi è quello di risvegliare, di dare ascolto e valore al vostro apparato genitale, quindi a voi stesse, affinché possiate comprendervi profondamente, acquisire e manifestare la fonte di luce e nutrimento che siete.

La "Natura è Femmina" e ognuna di voi è parte di essa. La "Natura è Madre" e ogni madre accoglie e ama senza limiti: ognuna di voi è questo: una fonte infinita di amore, di accoglienza. È una parte del tutto, è il tutto. Manifestatevi!

Prendete contatto con il vostro apparato genitale, unico mezzo attraverso il quale risvegliare la consapevolezza di voi stesse e del vostro universo femminile e mezzo attraverso il quale manifestare la meraviglia di essere donne.

(dott . Luciano Blasetti)

RIEPILOGO DEL CAPITOLO 3:

- SEGRETO n. 1: scopriamo il significato di medicina del benessere e bellessere: l'antica arte medica integra le moderne conoscenze scientifiche con la storia di vita della persona.

- SEGRETO n. 2: conosciamo il benessere: non solo assenza di sintomi, ma equilibrio di sostanza e forma.

- SEGRETO n. 3: comprendiamo il bellessere: non solo estetica ma interezza e unicità dell'essere umano, nella forma perché espressione della sostanza.

- SEGRETO n. 4: bellezza come piacersi perché accettiamo e amiamo il nostro corpo, spiegato attraverso i due linguaggi: la bocca e il genitale.

- SEGRETO n. 5: il linguaggio femminile espresso dalla bocca maschile, medica e odontoiatrica: una voce diversa, integrata e complementare.

Capitolo 4:

Come prendersi cura del proprio intimo

Eccoci giunti alla parte pratica di questo libro, parte nella quale desidero indicarvi come prendervi cura del vostro apparato genitale. Chiedo a ognuna di voi di trovare pochi minuti durante la giornata da dedicare all'alimentazione, all'igiene intima e a qualche esercizio.

Sarà tempo prezioso, sarà un investimento sulla vostra salute. Sarà il modo di vivere il benessere e di raggiungere e mantenere il proprio bellessere attraverso l'universo femminile.

Sarà lo strumento attraverso il quale prepararvi ai trattamenti che desidererete personalizzare e la via da perseguire per mantenere ed esaltare i benefici dei trattamenti stessi.

Ma prima di parlare di come prendervi cura del genitale cerchiamo di conoscerlo: ve lo presenterò attraverso la descrizione della medicina: l'anatomia. Ve lo racconterò attraverso il simbolismo, l'etimologia, il significato dell'universo femminile, attraverso il linguaggio segreto delle donne. Ne faremo la conoscenza attraverso la ginecologia del benessere e del bellessere.

Monte di Venere, grandi e piccole labbra che assieme costituiscono vulva, vagina, utero, tube, ovaia e formano l'apparato genitale femminile.

Vediamo assieme la vulva e l'introito vaginale sui quali mi sono soffermata in questo libro.

Monte di Venere: una protuberanza rotondeggiante di tessuto adiposo che ricopre l'osso pubico e che durante la pubertà si ricopre di peluria. Contiene ghiandole sebacee e ghiandole che secernono ferormoni, sostanze coinvolte nell'attrazione sessuale.

Grandi labbra: pieghe carnose, relativamente ampie che racchiudono e proteggono gli altri organi genitali esterni. Contengono ghiandole sudoripare e sebacee, producono sostanze lubrificanti.

Piccole labbra: (ampiezza 2-5 cm). Si trovano all'interno delle grandi labbra e circondano le aperture della vagina e dell'uretra.

Clitoride: corpo erettile femminile posto sulla parte antero-superiore della vulva dove si uniscono grandi e piccole labbra

Introito vaginale o orifizio vaginale: via d'ingresso verso la cervice-portio o collo uterino. Parte esterna del canale fibromuscolare che serve da supporto al collo dell'utero e all'uretra. Leggiamolo e conosciamolo ora attraverso il linguaggio dell'universo femminile.

Monte: simbolo legato alla centralità da cui partono tutte le energie della vita. Fin dall'antichità la montagna rappresenta la dimora degli dei. La cima della montagna simboleggia il punto da cui la creazione ha avuto inizio (Mircea Eliade *et al.*)

Venere: (dal latino Venus) dea romana considerata divinità della bellezza, dell'amore e della fertilità. Venere, il secondo pianeta del sistema solare: visibile solo poco dopo il tramonto e poco prima dell'alba, chiamato per questo dagli antichi "stella di sera e stella del mattino".

Fin dai tempi antichi, Venere indica la capacità affettiva, i sentimenti, la sensibilità, la diplomazia, la sessualità, l'inclinazione alle attività artistiche nonché il talento musicale. Indica e racchiude in sé il modo di amare e il gusto estetico.

Vagina: guaina, custodia e porta d'ingresso del mondo interiore. Delle grandi e piccole labbra ho già lungamente scritto: come le labbra della bocca sono il simbolo della nostra capacità di esprimerci e di aprirci al prossimo.

Con le labbra della bocca comunichiamo e ci apriamo al mondo esterno, con le labbra vulvari comunichiamo e ci apriamo al nostro mondo interiore. Come le labbra della bocca morbide, calde e avvolgenti sanno baciare, coccolare, amare.

La vulva con la sua forma di mandorla a racchiudere un tesoro, il tesoro che ogni donna, come tale, possiede e custodisce ma che sa donare e condividere con a-more (in eterno, senza morte, a-mors) e che per questo più volte ho scritto e descritto come scrigno del nostro tesoro più prezioso l'universo femminile.

La mandorla è il segreto, il mistero che va conquistato rompendo il suo guscio, quel guscio che protegge il seme ovvero la vulva (mandorla) che rappresenta e custodisce un segreto: il linguaggio segreto delle donne.

La vulva il cui guscio custodisce il seme: la capacità di creare. La mandorla, con il suo seme nascosto dentro il guscio da sempre è simbolicamente indicata come l'essenza della spiritualità: la saggezza. La vulva con la sua forma a mandorla che racchiude lo stupore, la meraviglia, la saggezza di ogni donna.

La vulva che con la sua forma a mandorla ovoidale da sempre è legata alla matrice, costituisce l'essenza della femminilità: l'essere donna

E ora, scritto tutto questo, qualche indicazione per prendervi cura di questo scrigno prezioso. Cosa fare nella quotidianità, cosa fare in preparazione ai trattamenti e ai percorsi della ginecologia del benessere e del bellessere. Cosa fare a mantenimento dei trattamenti personalizzati che potrete avere. Come prepararvi e come aiutarci al raggiungimento e al mantenimento del vostro benessere e bellessere.

Alimentazione: "Fa' che il cibo sia la tua medicina e che la medicina sia il tuo cibo". (Ippocrate)

Mangiare: un atto che compiamo più volte al giorno. Spesso lo facciamo per abitudine, senza renderci conto di quello che mangiamo. Altre volte mangiamo esasperando i nostri gusti e desideri, altre ancora seguendo ed esaltando le tradizioni locali. Troppo spesso dimentichiamo che "Noi siamo quello che mangiamo".

Questo lo sosteneva già a metà del 1800 il filosofo tedesco Feuerbach, e alla luce degli studi più recenti e accreditati aveva ragione. Per comprendere questo occorre chiarire la differenza fra alimentazione e nutrizione, fra mangiare e nutrirsi.

Con il termine alimentazione si intende l'atto del mangiare, indispensabile momento in cui apportiamo energia al nostro organismo. Con il cibo immettiamo carburante nel nostro corpo consentendogli di svolgere tutti i processi che ci mantengono in vita.

Mettereste del carburante di cattiva qualità nella vostra auto? certo che no, gripperebbe il motore. Allo stesso modo non dovreste introdurre nel vostro organismo cibo di cattiva qualità, per evitare che il vostro più importante motore possa incepparsi.

La nutrizione è invece un processo più complesso poiché comprende tutti quei processi biologici e innati che consentono la scomposizione dell'alimento, l'assimilazione dei nutrienti ed il loro utilizzo per garantire la sopravvivenza.

Un corretto stile alimentare contribuisce a costruire, rafforzare, mantenere il corpo e a fornire l'energia quotidiana indispensabile al buon funzionamento del nostro organismo. Una giusta alimentazione è dunque determinante per uno sviluppo fisico e mentale sano a partire dalla vita prenatale per continuare durante l'infanzia e nelle successive fasi della vita.

Una corretta alimentazione è il primo mezzo per godere del benessere e sottendere il bellessere. Detto che esistono mille diete, cento regimi alimentari e decine e decine di consigli, ognuno di loro con un razionale ben definito e un obiettivo volto alla salute e al benessere, pensiamo non sia giusto suggerire a priori un regime alimentare uguale per tutti.

Ognuno potrà trovare, nei nostri percorsi, il regime più appropriato e la modalità più consona di nutrirsi. Qui desideriamo suggerirvi un regime "preparatorio e di mantenimento" utile al raggiungimento prima e al consolidamento poi dei risultati ottenuti con i nostri percorsi, perché "utilizzando il carburante migliore", arriverete prima al risultato, perseguendolo poi nel tempo in modo più duraturo.

Tessuti ben nutriti e ossigenati permetteranno da un lato alle creme e ai prodotti di essere meglio assorbiti e dall'altro risponderanno meglio alla radiofrequenza, alla biorivitalizzazione, alla ginnastica.

Quale regime vi proponiamo nei trenta giorni precedenti i trattamenti? Un regime basato sulla regolazione del ph, la cosiddetta dieta alcalina, a seguire ognuna di voi avrà il proprio studiato regime alimentare.

Acidosi e alcalosi: il nostro sangue è leggermente alcalino e in condizioni normali il suo ph varia tra il 7,35 e il 7,45. Il mantenimento di questi valori è dato dal sottile equilibrio tra produzione ed escrezione di sostanze alcaline e acide, al quale partecipano soprattutto i reni e i polmoni.

La respirazione elimina o trattiene acido carbonico sotto forma di anidride carbonica, aumentando o diminuendo rispettivamente il ph ematico. I reni eliminano o trattengono ioni H+.

Indipendentemente dalla dieta, il normale metabolismo genera ogni giorno enormi quantità di radicali acidi volatili eliminati con la respirazione e radicali fissi eliminati dal rene.

Oltre a quelli summenzionati, intervengono altri sistemi detti tampone, capaci di neutralizzare efficacemente parte degli acidi.

Tra questi il principale è il sistema acido carbonico (bicarbonato di sodio).

Soltanto in circostanze particolari, la produzione di metaboliti acidi può crescere al punto tale da determinare acidosi: un esempio è dato dalla cosiddetta dieta chetogenica o iperproteica. Con questo regime alimentare si verifica un eccessivo catabolismo dei lipidi e di alcuni aminoacidi.

Alcalosi metabolica: più rare ma pur sempre possibili, sono le condizioni di alcalosi che si possono accompagnare a crampi, spasmi muscolari e irritabilità.

Dieta alcalina: questo tipo di nutrizione privilegia l'assunzione di alimenti alcalini come vegetali: frutta fresca, succhi/estratti di frutta, noci, legumi. Limitando gli alimenti acidi quali carne rossa e salumi, formaggi e cereali. Sono inoltre sconsigliati alcoolici, bevande gassate e cibi salati.

Indice molto utilizzato per valutare le caratteristiche acidificanti o alcalinizzanti di un alimento è il cosiddetto Pral (Potential renal acid load). Gli alimenti con Pral negativo risultano potenzialmente alcalinizzanti, come ad esempio ortaggi e frutta.

Gli alimenti con Pral positivo possiedono un effetto acidificante, come carne, pesce, latte e derivati, tuorlo dell'uovo. Alcuni esempi che comunque troverete nelle tabelle Pral:

- Grassi e olii Pral 0
- Pesce 7,9
- Frutta - 3,1
- Prodotti del grano 3,5/7
- Carne e salumi 9,5
- Latte e derivati 1-23,6
- Vegetali-verdure -2,8

L'acidità di un alimento non si misura allo stato fresco, ma sui minerali che rimangono dopo la sua combustione. Queste sostanze inorganiche, quindi non metabolizzabili, possono comportarsi come acidi o basi e come tali partecipare al mantenimento del ph organico.

Ad esempio, il limone ha un ph molto basso (acido) legato all'abbondante presenza di acido citrico: viene comunque considerato un alimento alcalino perché le sue componenti acide hanno natura organica e come tali vengono facilmente metabolizzate dall'organismo ed eliminate con la respirazione, mentre quelle basiche inorganiche vi permangono più a lungo.

Vantaggi di questa dieta.
Ci si basa sulla considerazione che un'alimentazione ricca di cibi acidi finisce col disturbare il bilancio acido-base dell'organismo, promuovendo la perdita di minerali essenziali come il calcio e il magnesio (contenuti soprattutto nelle ossa).

Tali alterazioni favorirebbero la comparsa di un'acidosi cronica che a sua volta è un fattore predisponente per molte malattie e comunque per un senso di malessere generale.

Igiene intima e lingerie.
Spesso considerata un tabù, l'igiene intima è una modalità molto importante nel prendersi cura del proprio corpo e di se stessi e per questo va insegnata e messa in pratica fin dalla più tenera età.

Non si tratta esclusivamente di modi in cui lavarsi o di pulizia, ma di una serie di accortezze.

Vi lavereste il volto con un detersivo piuttosto che con un sapone, vi strucchereste il viso con un detergente non idoneo, mettereste una crema per i piedi sulla faccia? Certamente no, eppure tante volte, più o meno consapevolmente, lo fate per il vostro genitale.

Chi non usa il bagnoschiuma durante una doccia? Avete mai pensato che questo va sulla vostra vulva? Avete mai pensato che il ph possa non essere idoneo? Che possa essere troppo profumato con eccipienti non adatti alla mucosa delle piccole labbra? Con emulsionanti e balsami sbagliati per il genitale? Bene, mi chiederete che fare?

A fine doccia uscite dalla vasca da bagno a rilavare il genitale con un detergente specifico per l'igiene intima e con un ph idoneo alla vostra cute e alla vostra età.

Tenete sempre a mente che la vagina è una parte del corpo capace di auto pulirsi, quindi la maggiore attenzione va posta sui genitali esterni grandi, piccole labbra, clitoride e vestibolo vaginale. Il miglior metodo: acqua corrente potabile a temperatura ambiente o acqua e poche gocce di detergente intimo delicato.

Va ricordato che il detergente va scelto in base al suo ph e nel rispetto del ph del genitale compreso fra 3,5 e 5,5 ma variabile nelle diverse età della vita. In età fertile il ph è lievemente acido variando da 3,5 a 4,5, in menopausa sale a valori compresi fra 6 e 7, ritornando a un ph simile a quello dell'infanzia.

Pertanto, per la menopausa si devono utilizzare detergenti a ph alcalino magari cremosi con azione nutritiva ed elasticizzante per migliorare la secchezza che la riduzione degli estrogeni può determinare. Detergenti a ph acido andranno invece utilizzati nell'epoca fertile. Ricordate di non esagerare mai: 2 volte al giorno con prodotti adeguati sono più che sufficienti.

Bisogna inoltre fare attenzione al metodo di pulizia, partendo dalla vulva per scendere verso l'ano e mai al contrario per evitare il rischio che i batteri intestinali entrino a contatto con la vagina. Particolare attenzione va posta anche sull'abbigliamento e sui lavaggi.

Utilizzare preferibilmente mutandine di cotone, canapa o seta, comunque fibre naturali, piuttosto che fibre sintetiche come lycra e microfibra, ricordare inoltre di usare detersivi naturali e di lavare gli indumenti intimi ad alte temperature 60/90 gradi.

Non mettere ammorbidente nell'ultimo risciacquo, resterebbe a contatto con la pelle irritandola negli anni. Sapevate che per sbiancare i capi è sufficiente aggiungere un po' di bicarbonato, mentre per rendere il bucato più morbido si può aggiungere qualche cucchiaio di aceto? E ancora, qualche goccia di limone sulle macchie ne renderà più facile la pulizia.

E che dire del ruolo dell'alimentazione nell'igiene intima? Alcuni cibi e sostanze ad alto indice glicemico determinano un'importante variazione del ph e rendono diversa la scelta dei detergenti. Lo zucchero, il miele, il pane, la pasta, le patate, le banane fanno parte di questo gruppo. Quindi l'alimentazione acquisisce un ruolo di primaria importanza anche nella vostra igiene intima.

Particolare attenzione all'igiene intima durante la gravidanza, dove è bene scegliere un detergente antisettico. Non dimentichiamo mai che in caso di piccole-grandi infezioni (candida, vaginosi batterica) va scelto un detergente antimicrobico altamente specifico.

L'obiettivo generale delle pratiche di detersione è quello di mantenere un fisiologico ph, in base all'età della paziente e quello di contrastare la presenza di batteri nocivi alle aree genitali esterne preservando al contempo l'ecosistema vaginale.

Dopo il lavaggio è consigliabile asciugare con cura la zona. l'asciugamano deve essere strettamente personale e va utilizzato tamponando la vulva piuttosto che sfregandola.

Una corretta igiene intima, infine, non può prescindere dal regolare consulto con il proprio ginecologo, una figura amica che accompagna la donna per tutto il suo percorso di vita

Lingerie e biancheria intima.
Ora occupiamoci di cosa indossiamo. La lingerie è il primo

indumento a contatto con la nostra pelle, la accarezza, la avvolge, la coccola quando ci accompagna nei nostri movimenti. La riscalda, la esalta con i suoi colori e le sue forme, la rende più o meno visibile con le sue trasparenze e i suoi pizzi.

Tutte noi vogliamo essere comode durante la giornata e possibilmente anche in ordine, indossare una biancheria pulita, profumata e morbida ci fa sentire a nostro a nostro agio e libere.

Non tutti i tessuti però sono i più idonei a contatto con una cute e una mucosa delicate come quelle genitali. Sono frequenti arrossamenti, irritazioni, pruriti da intolleranze o eccessivo utilizzo di sostanze sintetiche.

Abbiamo piacevolmente notato che molti produttori creano lingerie con linee sinuose, avvolgenti, tessuti ricamati e con pizzi molto belli su stoffe naturali.

La pelle apprezza il contatto con fibre naturali quali il cotone e la seta, che difficilmente provocano allergie o irritazioni. La scelta di una lingerie che mantenga e assicuri benessere al nostro corpo, oltre che farci sentire belle, esalta la nostra femminilità.

Esercizi di Kegel.

Sono un metodo di ginnastica, di allenamento e di mantenimento utile a rafforzare i muscoli del pavimento pelvico. Sono contrazioni volontarie intermittenti della muscolatura utili a mantenere la tonicità dei muscoli del pavimento pelvico facilitando la loro attività di sostegno degli organi contenuti nella pelvi.

Per comprendere gli esercizi e per comprendere i benefici ritengo vi possano essere utili alcuni brevi cenni di anatomia della Pelvi: cercherò di renderli semplici, perdonatemi se non dovessi riuscirvi.

La pelvi è lo spazio anatomico compreso tra le ossa del bacino (osso sacro, coccige, ossa iliache, ischiatiche e pube) e pavimento pelvico (perineo) e contiene organi e muscoli connessi tra loro grazie a numerosi legamenti. Organi pelvici nella donna: vescica, uretra, vagina, utero e intestino retto.

Il pavimento pelvico è la regione anatomica che fisicamente riveste e chiude la parte bassa del bacino, formando un vero e proprio pavimento.

Nel piano perineale femminile sono presenti vulva, orifizio uretrale, sfintere anale e vagina. Infine, il muscolo principalmente stimolato nella ginnastica di Kegel è il pubo-coccigeo, muscolo che congiunge l'osso sacro con il pube, rappresentando il principale sostegno degli organi pelvici.

Il muscolo in questione non è semplice da individuare, basandosi solo su indicazioni scritte. Per questo sarà utile che ciascuna di voi si faccia visitare da specialisti che vi indicheranno la modalità più consona: per poter eseguire le contrazioni muscolari così come richiesto nella ginnastica di Kegel, occorre prima di tutto capire cosa contrarre.

Il modo che più vi può aiutare, nella sua facilità di esecuzione e immediatezza a percepire e riconoscere questo muscolo è il seguente: andare al bagno, fare pipì e durante la minzione cercare una o due volte di interrompere il flusso dell'urina. Se a comando, riuscirete per un paio di volte a interrompere il getto dell'urina avrete effettuato contrazioni giuste del pubo-coccigeo e sarete quindi in grado di svolgere gli esercizi di Kegel.

Nel caso in cui non riusciate a interrompere la minzione è bene che vi rivolgiate al ginecologo. Attorno a questi esercizi si è tanto scritto e detto in modo improprio.

Tante le false convinzioni e tante le informazioni limitanti e limitative; la più comune è che gli esercizi siano rivolti solo alle donne adulte con prolasso della vescica al fine di migliorare o risolvere l'incontinenza urinaria.

In realtà, gli esercizi di Kegel sono indicati nel rieducare la vescica a qualunque età e indipendentemente dalla presenza di prolasso.

• Utili a migliorare la percezione e la "bellezza" del proprio apparato genitale esterno.

• Utili durante la gravidanza come preparazione al parto e al postpartum: momenti nei quali gli organi pelvici sono sottoposti a uno "sforzo meraviglioso ma straordinario e intenso".

Dopo 9 mesi di pressione del bimbo e dopo le spinte del parto, il perineo e il pavimento pelvico risultano poco tonici. Gli esercizi vanno eseguiti durante tutta la gravidanza e ripresi 40 giorni successivi al parto.

La ginnastica pelvica, se effettuata con costanza per 2/3 mesi, consente di riacquistare velocemente la percezione del proprio corpo che ritorna in forma dopo la nascita del bambino.

• Utili a migliorare la qualità del rapporto di coppia attraverso il raggiungimento di una maggior consapevolezza dell'utilizzo dei muscoli stessi.

• Utili ad aiutare il distretto anale quando sede di emorroidi attraverso un miglioramento della circolazione sanguina che consentirà al gavocciolo emorroidario di sgonfiarsi più facilmente e rapidamente.

Questi esercizi prendono il nome del ginecologo americano

Arnold Kegel che li ideò negli anni quaranta e restano ancora oggi utilissimi nel migliorare sintomi connessi alla pelvi, dalla contenzione urinaria al piacere sessuale.

Detto ciò, per poter eseguire correttamente questa ginnastica, è necessario fare attenzione alle seguenti indicazioni:

1)   Svuotare completamente la vescica (fare pipì) prima di iniziare le contrazioni. La presenza di urina con la sua fisiologica carica batterica potrebbe favorire infiammazioni della vescica.

2)   Mettersi in posizione comoda, rilassata: meglio se sedute o sdraiate.

3)   Partire con contrazioni brevi 3/4 secondi aumentando la durata giorno dopo giorno fino a un massimo di 10 secondi.

4)   Assicurarsi di contrarre solo il perineo e non i glutei e gli addominali.

5)   Le gambe non vanno mai mosse.

Il rispetto di queste semplici regole è indispensabile all'ottenimento del risultato; se l'esercizio non verrà correttamente eseguito difficilmente se ne noteranno i benefici.

La ginnastica consisterà quindi nell'eseguire 10 contrazioni della durata di 10 secondi ciascuna, 20 secondi di pausa e riposo fra una contrazione e l'altra. Tutto ripetuto almeno al mattino al risveglio e la sera prima di coricarsi per un minimo di 3 mesi.

Consigliamo poi di avere un mantenimento con 10 contrazioni al mattino per sempre, così da non ridurre mai la tonicità acquisita e così da non perdere i benefici ottenuti.

Suggeriamo inoltre di porre grande attenzione alla respirazione durante l'esecuzione di questa ginnastica: nella fase di sforzo-contrazione, espirare buttando fuori l'aria lentamente. Nella fase di rilassamento inspirare lentamente. Una maggior ossigenazione amplificherà risultati e benefici.

Desidero sottolineare che non esistono controindicazioni ma che devono essere eseguiti correttamente e senza esagerare: non superare le 30 contrazioni al giorno suddivise in 3 momenti diversi della giornata, mattino, pomeriggio e sera. Ricordate sempre che l'eccessivo allenamento può risultare dannoso, affaticare la muscolatura di una qualunque parte del corpo, incluso il pavimento pelvico, può risultare negativo.

Molte di noi, almeno una volta nella vita, per sentirsi più in forma, per vedersi più belle, hanno eseguito esercizi per tonificare i muscoli addominali, i muscoli delle braccia o i glutei. Molte di noi continuano a ripeterli saltuariamente, molte altre li eseguono quotidianamente.

Ma quante hanno e mantengono la stessa attenzione per questa parte del proprio corpo? Chi si occupa quotidianamente della tonicità, del benessere e della bellezza della propria vulva?

In queste poche pagine ho cercato di donarvi un mezzo che, a costo zero e a domicilio, permette di rimodellare, ringiovanire e rinvigorire la parte più femminile di ogni donna, un mezzo che permette un lifting solo del corpo, un lifting di ciò che ci anima (dare vita) nel percepirci e nell'essere femmine, un piccolo grande regalo che ognuna di voi deve donarsi.

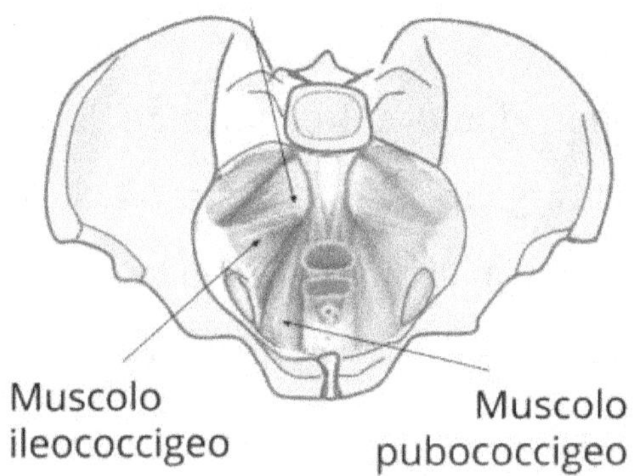

Esercizi di Kegel:
Muscoli pelvici
Muscolo ischiococcigeo
Muscolo ileococcigeo
Muscolo pubococcigeo
Contrai i muscoli pelvici per 10 secondi
Rilasciali per 20 secondi
Ripeti l'esercizio per 2 o 3 volte al giorno per almeno 2 o 3 mesi

10

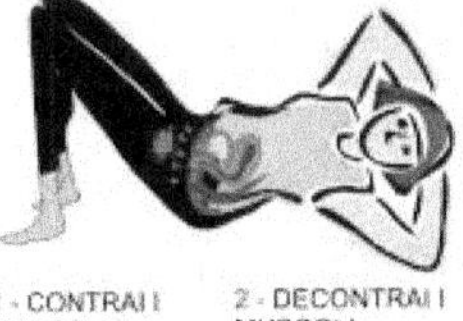

Gli esercizi di Kegel:
1 - CONTRAI I MUSCOLI PELVICI
2 - DECONTRAI I MUSCOLI PELVICI
CONTRAI I MUSCOLI PELVICI PER 10 SECONDI
RILASCIALI PER 10 SECONDI
RIPETI L'ESERCIZIO PER 10 - 20 VOLTE
ESEGUILI OGNI GIORNO

RIEPILOGO DEL CAPITOLO 4:

- SEGRETO n. 1: inizia il tuo percorso verso il benessere e il bellessere attraverso l'alimentazione. Ne è un esempio la dieta alcalina, ma la nostra equipe saprà consigliarti quella più idonea per te.

- SEGRETO n. 2: idratati ogni giorno correttamente: l'acqua regola le funzioni dei nostri organi. Bevi almeno un litro e mezzo d'acqua, introduci acqua in ogni momento della giornata e non aspettare mai lo stimolo della sete per bere.

- SEGRETO n. 3: continua il tuo percorso occupandoti della tua igiene intima e della lingerie che indossi. Scegli il detergente tenendo conto del ph del genitale. Indossa lingerie con fibre naturali.

- SEGRETO n. 4: fai ogni giorno gli esercizi per rafforzare il pavimento pelvico. Ti aiuteranno a tonificare vulva, vagina e vescica. Miglioreranno la minzione e i rapporti intimi.

Capitolo 5:

Come valorizzare il proprio "essere donna"

Nel capitolo precedente ho chiesto il vostro aiuto, il vostro impegno, un poco del vostro tempo.

Ora spetta a me, a noi con il nostro tempo, il nostro lavoro, la nostra esperienza e la nostra collaborazione dedicarvi attenzioni, premure e cure affinché godiate della vostra salute e della vostra bellezza in piena armonia e condivisone con la bellezza della vita.

Affinché facciate del vostro benessere e del vostro bellessere l'obiettivo e il focus del vostro futuro.

Vi presento pertanto i trattamenti che vi potrete donare per apprezzare ed esaltare il vostro "essere donna". Saremo accanto a voi, vi accoglieremo e vi ascolteremo, e attraverso l'anamnesi, i referti degli esami, attraverso l'esame obiettivo e le indagini strumentali, sceglieremo assieme a voi quanto di più utile e indicato nel rispetto del vostro sentire e del vostro benessere. Il bellessere lo troveremo assieme

Ognuna avrà le proprie esigenze, i propri desideri, le proprie necessità e per ognuna sarà personalizzato il percorso. Di seguito vi presento la modalità con la quale potremo lavorare assieme. Ognuna troverà quella più indicata a se stessa.

Biorivitalizzazione: stimoliamo la vitalità.
Letteralmente una tecnica che ridona la vitalità alle cellule. Dopo un esame attento della cute per identificarne la tipologia, le irregolarità, la tonicità, il grado di invecchiamento, lo stato nutrizionale ed eventuali discromie, sceglieremo il prodotto più idoneo alle caratteristiche del soggetto e ai risultati che vogliamo ottenere.

Utile sia in prevenzione che nelle fasi della vita femminile in cui gli squilibri ormonali, lo stress, gli interventi chirurgici o le infezioni provocano alterazioni del tessuto.

Questa tecnica prevede microiniezioni nella zona genitale.

La biorivitalizzazione migliora la trama cutanea e la compattezza senza modificare i volumi. Previene e contrasta il fisiologico processo di invecchiamento causato dai radicali liberi, caratterizzato da un rallentato metabolismo cellulare e dalla rottura dell'integrità della membrana.

Il suo ruolo è fondamentale a qualsiasi età per compattare la matrice extracellulare, stimolare i fibroblasti (le cellule della giovinezza che si trovano nella nostra cute) e stimolare la produzione di acido ialuronico, collagene ed elastina.

Il trattamento integra il turgore, la luminosità e la trama cutanea ripristinando minerali antiossidanti. Fornisce alla pelle sostanze necessarie per il suo benessere e bellessere in una sinergia di intenti, mantenendola idratata, compatta, luminosa, sana, e con la giusta tonicità e voluminosità: bella da percepire e da vedere.

Permette alla pelle e al tessuto sottostante di preservare la sua funzione anche nelle fasi della vita femminile in cui la secchezza e la minore elasticità normalmente affiorano.

Trattamento antiossidante e antiaging: mantenere il benessere in bellezza.

Una parola inflazionata? Assolutamente sì, ma il suo significato è quanto mai attuale. Una piccola iniezione con un ago a farfalla permette di aiutare le nostre meravigliose cellule a funzionare bene e a mantenersi in salute, così come sono state progettate, permettendoci di vivere bene.

Questo trattamento, indicato per tutte le età e per tutti i pazienti, prevenendo il danno provocato dai radicali liberi aiuta a mantenere benessere e bellessere. In condizioni normali, le cellule producono radicali liberi: piccole quantità sono tollerate e vengono inattivate da sistemi enzimatici antiossidanti detti *scavenger*.

Quando la produzione di radicali liberi è eccessiva si genera ciò che viene chiamato "stress ossidativo". Lo stress ossidativo è imputato quale concausa di patologie come il cancro, l'invecchiamento cellulare e le malattie degenerative.

L'integrazione con antiossidanti, vitamine, oligoelementi,

minerali, probiotici, acidi grassi aminoacidi, permette al nostro organismo di contrastare l'azione dei radicali liberi e di mantenere le proprie reazioni cellulari in equilibrio, prolungando lo stato di salute: benessere e bellessere.

La loro scelta viene, dalla nostra equipe, fatta previ esami laboratoristici specifici.

Fattori di crescita: una stimolazione alla giovinezza.
Una tecnica innovativa, sicura e consolidata di medicina rigenerativa. Dopo il prelievo di qualche goccia di sangue del paziente e la separazione delle cellule, si ottiene una parte corpuscolata (piastrine) che contiene dei granuli capaci di rilasciare dei fattori detti appunto di crescita.

Essi sono in grado di stimolare le cellule a crescere e a riprodursi. Contribuiscono alla cicatrizzazione, alla riparazione dei tessuti danneggiati, creano nuova vita.

Le cellule dopo essere state iniettate con minuscoli aghi permettono la stimolazione, la nascita e la crescita di nuove cellule giovani e sane, richiamando e stimolando le cellule staminali presenti.

Utile a tutte le età, è un'ottima soluzione per la prevenzione e ha il vantaggio di utilizzare solo cellule autologhe, proprie della persona.

Radiofrequenza: una coccola di bellezza.
Rimodella e ringiovanisce la pelle e il tessuto sottocutaneo donando levigatezza e turgore, riducendo la tendenza al cedimento cutaneo e alla lassità del sottocute tipico dell'avanzare dell'età.

La sonda utilizzata, emanando calore, accarezza la pelle fino in profondità, permette la stimolazione e la produzione di nuovo collagene e rallenta il turnover del vecchio.

Questa tecnica sfrutta la capacità delle onde elettromagnetiche di modificare le cariche elettriche cellulari inviando, sotto forma di calore, un'informazione energetica alle cellule stesse. Il calore controllato e omogeneo arriva fino al derma cutaneo e dissocia i legami molecolari del collagene invecchiato stimolandone la formazione di nuovo.

Stimola inoltre la produzione da parte dei fibroblasti (le cellule della giovinezza) di nuovo collagene, elastina e altre sostanze della matrice extracellulare. Si crea così una nuova e compatta rete tridimensionale di sostegno.

Il risultato è un rimodellamento dei tessuti: una piacevole sensazione di massaggio rilassante, una coccola di giovinezza.

Biostimolazione con collagene naturale tissue e rimedi low dose: la materia di cui è fatta la giovinezza.
Con quest'ultima tecnica esaltiamo la possibilità di stimolare la vitalità delle nostre cellule tramite sostanze naturali normalmente prodotte dal nostro corpo. Sfruttando la capacità del nostro organismo di riconoscere la sostanza che utilizziamo perché simile, se ne promuove la produzione nella zona in cui serve.

Con piccole iniezioni di rimedi biologici a basso dosaggio, collagene ed elastina, informiamo le cellule della nostra pelle e del nostro muscolo stanche e anziane a lavorare di più. Il trattamento utilizzato nella zona genitale dona beneficio migliorando la compattezza della trama cutanea, dà turgore e sostegno laddove sia necessario, ottimizzando la texture, l'elasticità e l'idratazione.

Agopuntura: riequilibriamo l'energia vitale.
L'agopuntura è conosciuta in Occidente, a torto, come tecnica di aiuto per la gestione del dolore. Quest'antica arte nata in Oriente cura l'essere umano inteso come scrigno di un'energia vitale. Il suo obiettivo è quello di riequilibrare le parti del corpo che esprimono una carenza o un eccesso di energia attraverso un dolore o un disturbo di funzione.

Ristabilire il qi, energia vitale, ci permette di ritrovare l'armonia nell'intero organismo. Tramite l'utilizzo di sottilissimi aghi in punti chiave si ripristina la circolazione energetica. La zona genitale è sede di numerosi punti chiave, non solo di controllo ormonale ma anche di regolazione del piacere e del piacersi, dell'accettazione di sé e dell'autostima.

Punti che aiutano a mantenere una buona tonicità del pavimento pelvico e che prevengono e curano l'incontinenza, zone che rilassano la muscolatura in caso di difficoltà e dolore nei rapporti, punti che se trattati diminuiscono il dolore di un ciclo mestruale.

Esistono nella tradizione dei meridiani particolari, unici, detti curiosi perché ricettacolo di un'energia ancestrale vitale e per il loro decorso unico nella parte centrale del tronco. Il vaso governatore scorre sulla regione posteriore del dorso lungo la linea mediana, percorre tutta la colonna vertebrale, giunge al naso e termina al mascellare superiore, nello spazio tra i due incisivi.

Il vaso concezione scorre nella zona anteriore del dorso lungo la linea mediana sull'addome, il torace, il collo e giunge al viso, all'altezza del mento, inizia dal centro del pube, risale in linea retta e arriva al labbro inferiore; nel vaso governatore scorre un'energia "positiva" maschile di volontà e concretezza nella realizzazione.

Come tutti i meridiani positivi dovrebbe andare in direzione cranio-caudale dall'alto verso il basso, invece ha un percorso al contrario. Il motivo per cui accade è nascosto all'interno dell'apparato genitale e per comprenderlo bisogna soffermarsi a guardare il feto che si trova all'interno dell'utero.

Il dorso del piccolo bimbo è la parte posta più in alto, se consideriamo il suo sederino, il tratto lombosacrale, il ventre nella fase prenatale si trova al centro di tutto il sistema perché le braccia e le gambe sono piegate su se stesse e racchiudono il corpicino.

Per questo motivo la zona dorsale nella vita intrauterina è la più alta per posizione e ne assume tutte le caratteristiche di positività. Ecco perché il meridiano vaso governatore ha una direzione che va dal basso verso l'alto in ricordo della vita ancestrale.

Invece il vaso concezione ha una direzione dal basso verso l'alto ma si trova nella parte anteriore, in quella che è stata la parte centrale dell'embrione. Durante la vita intrauterina, i due meridiani donano energia vitale all'embrione e restano attivi sino alla nascita. Poi è come se annullassero reciprocamente e progressivamente la propria carica e si mettessero da parte, per riacquistarla nella vita dopo la nascita.

Nell'adulto, il vaso governatore è il punto di convergenza dei meridiani di energia positiva, mentre il vaso concezione è il punto di convergenza dei meridiani di energia femminile, intima.

Questi due meridiani, unici perché centrali nel loro decorso nel corpo, si incontrano nel genitale maschile e femminile e sulla bocca come a indicare l'importanza della funzione e dell'energia contenuta in queste due regioni così simili tra loro, incontro di due energie una positiva maschile volta a esternare e l'altra più femminile, intima interiore. La loro unione integra e crea parole espressioni e vita!

Neuralterapia: l'arte di pulire le memorie e acquisire consapevolezza di sé.
Come già anticipato, nasce in Germania come terapia del dolore utilizzando un rimedio-farmaco diluito a bassissimo dosaggio che "resetta" la membrana cellulare.

Normalmente le cellule racchiudono al loro interno un mondo

meraviglioso assolutamente autonomo in grado di replicare le informazioni per la vita. La membrana le protegge, custodisce gli organi di cui sono costituite e le funzioni vitali, le separa dall'ambiente esterno per permetterne l'individualità.

Lo spazio esterno da cui si distinguono, "matrice" extracellulare, permette il sostegno, la connessione, lo scambio di informazioni, il drenaggio delle scorie, l'arrivo di nutrimento tramite il sangue, la trasmissione di corrente elettrica, luce.

Lo scopo scientifico per cui si utilizza questo strumento è proprio riportare l'equilibrio elettrico nella membrana della cellula, e pulire la matrice extracellulare.

Comprendete come non si tratti solo di diminuire il dolore, diciamo che questo è soltanto il primo passo per riprendere una normale funzione e riappropriarci del benessere. Con minuscoli e leggeri aghi, permettiamo alle cellule di comunicare, riarmonizzando il sistema nervoso autonomo che ci anima.

Questa parte del sistema nervoso è quella più antica e importante,

129

non è controllata bensì inconscia, autonoma, involontaria.

Pronte dunque a scegliere il vostro percorso?

RIEPILOGO DEL CAPITOLO 5:

- SEGRETO n. 1: stimola la vitalità del tuo apparato genitale attraverso la biorivitalizzazione: ti aiuterà ad aumentare la tua energia creativa.

- SEGRETO n. 2: mantieni il tuo "benessere in bellezza" con i trattamenti antiossidanti e antiaging: raggiungerai più facilmente il tuo bellessere.

- SEGRETO n. 3: stimola la tua giovinezza con cellule autologhe e fattori di crescita: illuminerai maggiormente i tuoi sogni.

- SEGRETO n. 4: donati una coccola di bellezza con la radiofrequenza: imparerai ad amare te stessa.

- SEGRETO n. 5: riequilibra la tua energia vitale con l'agopuntura: troverai serenità e gioia.

- SEGRETO n. 6: acquisisci consapevolezza di te attraverso l'arte del pulire le memorie prendendoti cura delle cicatrici e della matrice extracellulare: avrai più chiari i tuoi obiettivi.

Conclusione

Non mi sembra possibile, sono già arrivata alla conclusione. Ma non era ieri che ho iniziato a scrivere? Non era ieri l'altro che con i compagni di questo cammino stavamo confrontandoci sul cosa scrivere, sul come scrivere?

No, in realtà era ieri che ognuno di noi tre, bambino, aveva iniziato il suo sogno: diventare medico. Un sogno che in tre lontani paesi d'Italia abbiamo sognato, uno all'insaputa dell'altro. Un sogno che abbiamo concretizzato e che ci ha unito fino ad oggi.

Un sogno che è diventato realtà e che con questo libro vogliamo continuare a vivere assieme a voi. L'arte medica nella quale crediamo, la nostra esperienza e il nostro sapere siano per voi strumento di crescita, stimolo, ispirazione a iniziare il cammino nella medicina del benessere e del bellessere.

Ci auguriamo che questo volume rappresenti, per ognuno di voi, l'opportunità di acquisire la consapevolezza che è possibile "star bene" e "vivere bene" occupandosi nel modo più giusto e personale del proprio corpo.

Abbiamo deciso di iniziare con l'apparato genitale che racchiude la magia del "creare" e ci piacerebbe continuare con l'odontoiatria, l'estetica con la "medicina del benessere e del bellessere" affinché ciascuno possa vivere la propria vita nel benessere e bellessere.

Se volete condividere con noi questo sogno, se desiderate avere la possibilità di continuare questo percorso fateci un cenno e contattateci ai seguente link:

- https://forms.gle/ECDBVSjYTsoC1QMA8
- https://www.facebook.com/depaolilorenza/?modal=%20admin_todo_tour.

Per noi sarà un onore e un piacere accompagnarvi con video, webinar e, perché no, altri libri in questo meraviglioso cammino verso lo star bene nel corpo e in quello che il corpo racchiude, in quello che lo anima.

La ricchezza sta anche nella salute, nel saperla conquistare e mantenere. Trovare il "momentum" per prendersi cura di se stessi è il primo grande passo per dare inizio a questa ricchezza, essere grati a se stessi per vivere in salute è il passo successivo.

Se siete arrivati al termine di questo libro e ancora continuate in queste ultime righe, sicuramente state vivendo il vostro momentum. E allora, grazie per essere arrivati fin qui e complimenti, avete iniziato il vostro percorso verso la ricchezza del benessere e del bellessere.

Avrete sicuramente compreso che basta investire un poco del vostro tempo per prendervi cura dell'alimentazione, della vostra attività fisica, della vostra igiene intima. Qualche minuto per gli esercizi del pavimento pelvico e tanto, tanto ascolto alle magiche parole del vostro apparato genitale. Il rimanente è compito nostro e ci troverete pronti e disponibili.

Le piccole-grandi cicatrici, i piccoli-grandi inestetismi, i piccoli-grandi disagi diverranno la vostra grande opportunità di migliorare, di crescere verso il successo e la ricchezza: "Il vostro benessere nel saper vivere la bellezza della vita".

Abbiamo scritto questo libro per presentarvi la ginecologia del benessere e del bellessere, per accompagnarvi nell'ascolto, nella comprensione e nell'interpretazione del linguaggio segreto del vostro universo femminile.

Lo abbiamo scritto affinché siate a conoscenza che ognuna può trovare il proprio personale percorso perché ognuna ha il proprio modo di vivere l'universo femminile.

Abbiamo realizzato questo libro affinché ognuna trovi la giusta modalità per migliorare, amplificare ed esaltare il suo essere femmina, sapendo di non essere sola in questo cammino di rinascita del proprio mondo femminile; affinché sappia che può avere accanto medici e personale paramedico pronto ad accoglierla e accompagnarla

Persone che le ricorderanno che la felicità passa attraverso il sentirsi accettate e nell'essere accettate così come si è, perché ognuna è meravigliosa nell'essere unica e irripetibile.

E scrivendo di rinascita al femminile, voglio sottolineare che la natura è femmina (così ci sarebbe piaciuto il titolo di questo libro), per ricordare che "la fenice che risorge dalle proprie ceneri è donna, che l'aquila che cambia le proprie piume è femmina".

Ed è nel raccontarvi il rinnovamento dell'aquila che spero troviate e comprendiate il vero scopo di queste pagine: indicarvi che esiste attraverso il rinnovamento del proprio apparato genitale la possibilità di risorgere a miglior rapporto con se stesse e con gli altri, spiccando il volo verso lo star bene e verso la felicità.

E ora vi riporto questa bellissima leggenda indiana che a me suscita sempre tanta emozione. Una leggenda che parla di comprensione, rinnovamento e saggezza necessari per "riprendere a volare".

Il volo dell'aquila.

Si dice che l'aquila viva fino a settant'anni, ma perché ciò accada, intorno ai quarant'anni deve prendere una decisione seria e difficile.

A questa età i suoi artigli sono lunghi e flessibili e non riescono più ad afferrare le prede di cui si nutre. Il suo becco, allungato e appuntito, si incurva. Le ali, invecchiate e appesantite dalle penne assai ingrossate, puntano contro il petto.

Vola allora in cima a una montagna, si ritira su di un nido inaccessibile, addossato a una parte rocciosa, un luogo da cui può fare ritorno con volo piano e sicuro.

Trovato questo luogo l'aquila inizia a sbattere il becco sulla parete fino a staccarlo. Passate alcune settimane le ricresce un nuovo becco. Con questo strappa a uno a uno incurante del dolore i suoi artigli. Ricresciuti i nuovi artigli, con questi e con il nuovo becco strappa dal suo corpo tutte le penne, una a una.

Quando rinascono le nuove penne, l'aquila si lancia sicura nel volo di rinnovamento e ricomincia a vivere per altri trent'anni.

Che il volo dell'aquila sia il vostro volo, il volo di ogni donna verso il riconoscimento, l'accettazione di se stessa, la comprensione della meraviglia che racchiude l'essere femmina.

E ora davvero non ci resta che augurarvi un buon volo verso il vostro rinnovamento.

E per aiutarvi a spiccare il volo vi facciamo dono di un questionario. Compilatelo, vedetene il risultato e fatecelo pervenire: https://forms.gle/ECDBVSjYTsoC1QMA8

Comprenderete voi stesse al termine delle risposte se sarà utile per voi questo cammino: sarà premura nostra, sarà piacere immenso leggere le vostre risposte, conoscervi di persona, preparare il percorso più appropriato ad accompagnarvi.

Spiccheremo il volo assieme e vi daremo la possibilità di continuare a volare, volare sempre più in alto, fin là, proprio là dove desiderate arrivare!

Condividete il questionario, fatelo avere a tutte le persone a voi care affinché ognuna possa volare, condividetelo con i vostri compagni e mariti perché volare in coppia è meraviglioso. Il cielo è grande e c'è spazio per tutti.

Buon volo amiche care.

Trovi il questionario "ginecologia del benessere e del bellessere":
- https://forms.gle/ECDBVSjYTsoC1QMA8
- https://www.facebook.com/depaolilorenza/?modal=%20admin_todo_tour
- https://www.facebook.com/StudioAnemosBerto
- Instagram: https://www.instagram.com/depaoli.lorenza/?gshd=w42s0jt2yifr

Oppure sul mio web personale:
- https://www.lorenzadepaoli.it
- http://www.anemostudio.it

Ringraziamenti

Servirebbe un altro libro per ringraziare tutte le persone che mi hanno permesso prima, e accompagnato poi, in questa meravigliosa esperienza.

Grazie a tutti voi che avete letto queste pagine. A tutte le pazienti che hanno riempito questi miei trent'anni di esperienza lavorativa.

Grazie ai due magici compagni di viaggio, di vita e di scrittura: alla loro professionalità, alla loro conoscenza, al loro sapere e al piacere di condividerlo con me. La gioia di averli accanto in questo libro è grande tanto quanto quella di averli accanto nel lavoro. E un grazie, anche da parte loro, ai nostri maestri e ai colleghi delle scuole e dei master con cui abbiamo condiviso la formazione.

A Valentina e Claudio, primi referenti per questo libro e a tutto lo staff editoriale. Grazie ad Alessia, meravigliosa nell'assistermi, al suo entusiasmo, alla sua preparazione e alla ventata di colori che ha saputo donarci. Grazie di cuore a Valentina che mi è sempre stata a fianco, preziosa compagnia e fantastica consigliera.